父が娘に伝える
自由に生きるための
30の投資の教え

The Simple Path to Wealth
Your Road Map to Financial Independence
and a Rich, Free Life

ジェイエル・コリンズ
小野一郎 訳

ダイヤモンド社

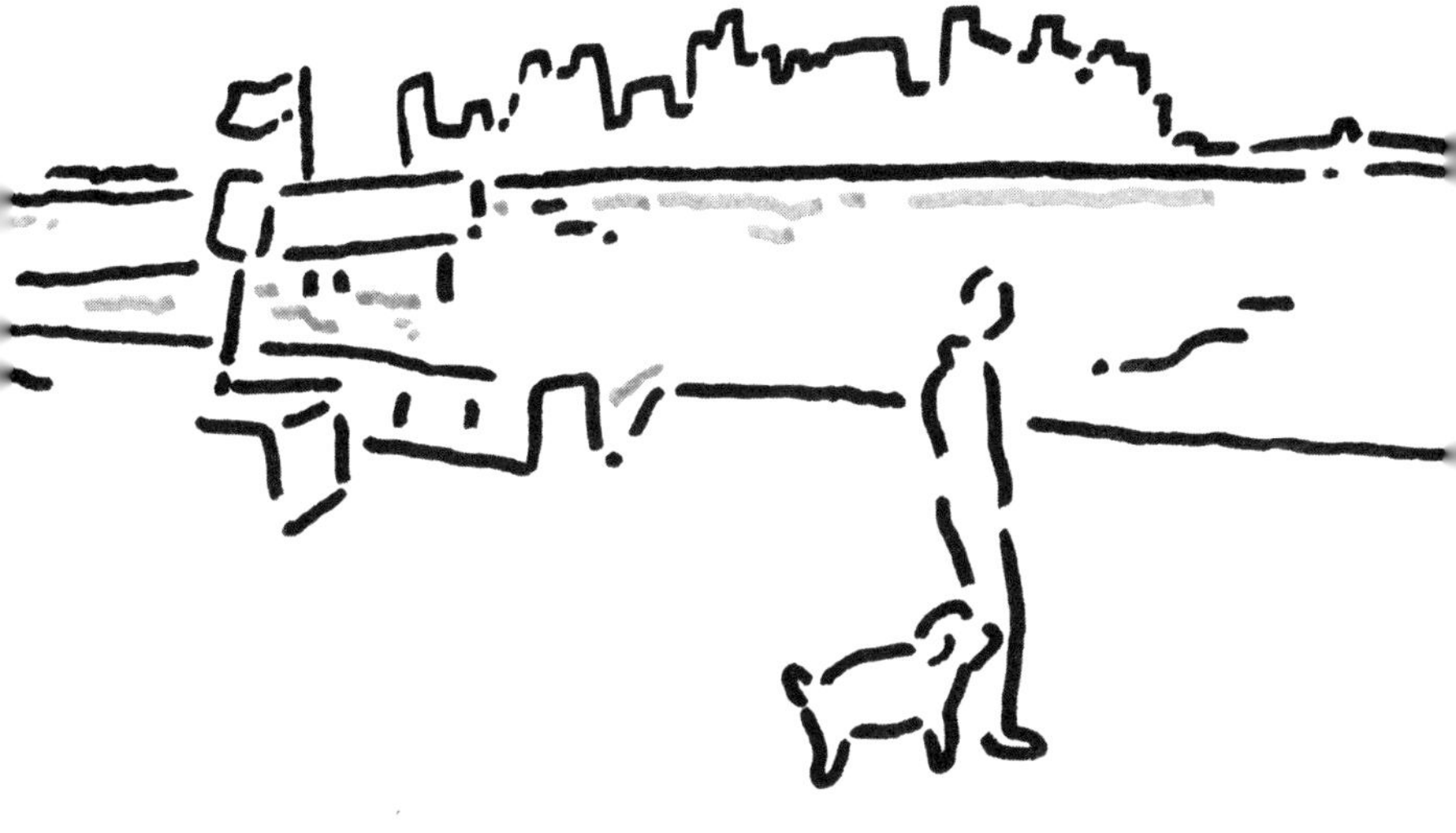

THE SIMPLE PATH TO WEALTH

by

JL Collins

Japanese translation published by arrangement with JL Collins c/o Write View
through The English Agency (Japan) Ltd.

日本語版への序文

「裕福になる早道」にようこそ！　私のアイデアが詰まった本書を日本の皆さんにお届けできることはとても光栄です。

この本は、もともとアメリカでの投資を念頭に置いて書いたため、具体的な投資アドバイスはアメリカ向けになっています。

しかし、基本的な投資の考え方や手法はどの国にも当てはまるはずです。

本書を読み進むと、アメリカの市場での投資を推奨し、なかでもバンガードのトータル・ストック・マーケット・インデックスファンド（ＶＴＳＡＸ）とトータル・ボンド・マーケット・インデックスファンド（ＶＢＴＬＸ）を推していることがおわかりになるでしょう。どちらのファンドもアメリカの株式、債券に焦点を当てています。

アメリカの読者に対しては、今でもこれが私のお勧めする投資手法です。そこだけに投資すればよいといえるほど有力な市場はアメリカの市場だけでしょう。それについてはＰａｒｔ２の15をお読みください。

アメリカ以外に住む投資家の皆さんには、グローバルなファンドがお勧めです。アメリカでなくても市場が成長し繁栄し続けている国々があるので、アメリカの投資家に対しても世界で投資することを勧める日が遠からず来るだろうと、娘には話しています。

グローバルベースで見ても私のお勧めは、やはりバンガードです。彼らが株式と債券で組成するファンドは、アメリカと同様に、とても低い経費率（Expense Ratio：ＥＲ）を誇っています。

ざっと調べたところでは、日本では楽天、ＳＢＩ、マネックス、野村を通して購入できます。費用を低く抑えることは、投資で成功するための重要な要素です。これらの証券会社の手数料をじっくり比べたくなったのではないでしょうか。

この本にはアメリカ特有の節税に関する部分があります。確定拠出年金４０１（ｋ）、個人退職口座（ＩＲＡ）などです。どれもアメリカ政府が投資と引退後の生活に備えた貯蓄を促進するために用意したものです。

これらはアメリカ特有のものですが、ざっと目を通していただく意味はあります。多くの先進国では同様のプログラムが用意されているので、何がどう機能するかを知っていれば、日本では何が使えて、その有効性をどう分析すればよいかが簡単にわかるようになるでしょう。

アメリカに特化した部分を除けば、本書は投資と人生の哲学について書いています。中心となるのは次の３つの原則です。

支出は稼ぎより少なくする。余りは投資する。そして、借金をしない。

この３つを実践するだけで裕福になれます。お金のことだけではありません。具体例を紹介しながら原則を説明し、その考え方をお示しします。

投資はとても複雑で、手ごわく、わかりにくいものになっています。

しかし、シンプルに行えば、上手に投資することができます。これから見ていきましょう。

私の大好きな評論家のマラキ・レンペンはこう書いています。

「投資の世界は暗く罠《わな》だらけで、デマと難解な謎で人を惑わすジャングルだ。ジェイエル・コリンズは道端に立ってわかりやすい地図を示し、温かい言葉と役に立つ装備で励ましてくれる頼りになる魔術師だ。彼を頼りにすれば、あなたは自信を持って前に進んで行ける」

さあ、旅を始めましょう！

ジェイエル・コリンズ

発刊に寄せて

この世界で学ぶべきことは限りなく存在し、それに関する本もまた多数見つかる。あなたが知りたいことは、なんでも、すでにある本の中に書かれている。1冊どころか、棚いっぱい見つかるだろう。投資について書かれた本で地下の駐車場を埋め尽くしても、外に出てみれば、地上まではみ出るくらいの本をさらに見つけることになる。

ところが、そのほとんどが出だしだけを読んで、しおりを挟んだままになってしまう、つまらない本であるのは実に残念だ。技量も志も立派なのに、それをうまく本に書き込めない著者がなんと多いことか。難解な書き方でつまらないことをぎっしり詰め込んでしまい、同じページを何度も読み返しているうちに、読者はほかに面白いことはないかと考えてしまうのだ。

ジェイエル・コリンズは投資に関する古くさい書き方を完全に払拭《ふっしょく》した。彼が書いたものは、株式について読むことに飽きてしまった人が飛びつきたくなる内容だ。株式を評価する秘伝の公式を示したり、どの株が儲かるかを比較したりする代わりに、株式市場全体を大きなジョッキに入ったビールにたとえて、予想できないほどの泡が出たときでも買う価値がある理由を教えてくれる。

彼が、キャンプファイヤーをしながら語り始める。そのとき、たまたま、あなたの知りたいことが出てきたら、得をしたと思うだろう。まさにこれが現実に起こった。コリンズがよい投資は何かについてブログを書き始めたのだ。私はブログを毎回読み、そのよさを私のブログの読者に紹介した。読者たちはさらに知人に広め、読者は瞬く間に何万人、何十万人へと膨らんだ。

株式についての彼の文章は、今でも評判が上がり続けている。とにかく面白い。そして、コリンズ自身が投資で成功し、優れた投資技術を私たちに披露してくれるのだが、読者は技術だけを求めているのではない。彼と一緒にキャンプファイヤーを楽しみ、面白い話を聞きたいのだ。

読者の反応があまりにもよかったので、コリンズはそれを本にしようと考えたのだと思う。本書は株式投資に関するだけでなく、ファイナンス全般に関しても革命的な本だ。楽しく読めて、現実の投資ですぐに実践して成功できるのだから。

たった1つのファンドを一生持っていれば成功すると聞けば、安心できるだろう。もう少し手を広げれば、投資をもっと面白くすることもできるが、できるだけシンプルにすることで、何も失うことなく、投資を増やしていけるのだ。

実際に彼の教えを理解して実践できている人はまだ多くはないが、現実に豊かになる方法はシンプルで楽しいものだ。それについて書かれた本もまたシンプルで楽しい。この本がまさにそうなのだ。

ピーター・アデニー

またの名をミスター・マネーマスタッシュ

目次

父が娘に伝える自由に生きるための30の投資の教え

Part2 資産形成の最強ツールをどうコントロールするか

Part3 なぜ、ほかの投資はよくないのか

はじまり

「星をつかもうと手を伸ばしても届かないだろう。しかし、星をつかもうとしているのなら、泥をつかまされることはないだろう」

（レオ・バーネット）

I　イントロダクション

この本はブログから生まれました。そのブログはもともと10代の娘に書き始めた何通もの手紙でした。お金と投資の話が多かったものの、娘はまだ聞く準備ができていませんでした。

複雑な世界を生き抜くために、お金は最も有力な道具です。生きる上でお金を理解することは最も大切です。使い方をマスターすれば、お金は忠実な部下になります。うまくやれないと、逆にあなたが使われてしまいます。

「お金は大切だと思うけど、一生、お金のことばかり考えたくないわ」と言う娘。

なるほどと思いました。私はお金が好きですが、多くの人はお金以外のことに時間を使いたいものですね。橋をかける、病気を治す、契約の交渉、山登り、子供の教育、ビジネスを始めるなど、いろいろあります。

しかし、ファイナンスを知らないと、ファイナンスの世界で騙されてしまいます。投資をどこまでも複雑にしているのは、複雑にするほど大儲けをする人がいるからです。別の言い方をすれば、私たちに高い金を払わせ、罠にはめようとする人たちがいるのです。

ここに大切な真実があります。複雑な投資は、それを生み出して売る人たちを儲けさせるためにあるのです。投資家にとってコストが高いのは、うまみが少ないということです。

重要なガイドラインを示しましょう。

・収入の範囲で消費する。借金はしない。
・ここに書いてあることだけをすれば豊かになれる。お金だけでなく、人生そのものが。
・借金するのは、血を吸う虫に覆われているようなものだ。
・ナイフを研《と》ぎ、少しずつ虫を剥《は》ぎ取りなさい。
・収入をあるだけ使っているのは、お金にまみれた奴隷でしかない。
・お金に無責任な人と付き合わないこと。そんな人にあなたのお金を触らせてはいけない。
・投資アドバイザーを近づけないこと。ほとんどのアドバイザーは自分のことしか考えていない。彼らと付き合って、よい運用先を選ぶのに時間を使うくらいなら、自分自身でやっていける。あなたのお金について、あなた以上に本気で考える人はいない。

・あなたは自分のものを所有しているが、同時にそれに縛られてもいる。

・お金で買えるものよりも貴重なのは自由であること。

・人生にはお金以外の決断もあるが、どんな決断でも、その経済的なインパクトを常に考えるべき。

・健全な投資は複雑ではない。

・収入の一部を貯めよう。お金を貯めていないことがあとで自分を縛る障害になる。

・節約してより多く投資すれば、「会社に縛られないお金」が早く貯まる。

・収入の半分は投資に回そう。借金をしていなければ十分に可能。

・収入の多くを貯蓄に回す利点は、投資を増やすだけでなく、控えめに暮らす方法も身につくことにある。

・株式市場は投資する有力な市場だが、激しく上昇、下降することも忘れずに。そういうものだ。下がったらもっと買おう。

・ただし、下がったときに買うことはとても難しい。まわりの人々もニュースもパニックに陥り、誰もが「売れ」と叫んでしまう。

・メディアの人々の中には将来を予想できるという人もいるが、先のことは誰にもわからない。みんな妄想に駆られているだけ。無視しよう。
・投資額の4％で1年を暮らせれば、経済的に自立しているといえる。

並べてみるとシンプルで明白だと思いますが、私はこれらの考えを長い間苦労して学びました。私は苦労して得たことを娘に伝えたくて、娘への手紙を書きました。何がうまくいくか、どこに宝物が眠っているか、そして、それを見つけることがどんなにシンプルであるか、またシンプルであるべきか。娘が平坦《へいたん》な道を踏み外すことなく歩んで、経済的な自由を早く楽に実現できることを願っていました。

この本を手に取ってくれたあなたにも同じことを願っています。ここに書いたガイドラインをこれからたどっていきます。

さあ、始めましょう。まず、たとえ話からです。

Ⅱ　たとえ話——僧侶と大臣

仲のよい少年が2人いました。彼らは別々の道を進みました。1人は質素な僧侶に、もう1人はお金も力もある王様側近の大臣になりました。

何年もあと、2人が出会いました。でっぷり太った大臣は、やせてみすぼらしい僧侶を見てかわいそうになりました。助けようと思い、大臣は声をかけました。

「王様の役に立つ方法を学べば、米と豆しか食べられない生活をしなくて済むよ」

僧侶が応えました。

「米と豆で生きる方法を学べば、王様のためにあくせくしなくて済むよ」

ほとんどの人は極端な2人の中間のどこかに自分を当てはめるでしょう。私は僧侶に近いほうがよいと思います。

Ⅲ　これは引退後の話ではありません

経済的に自立するといっても、引退後のことではありません。私は働くことが好きで、ずっとそれを楽しんできました。経済的自立とは、選択肢を持っているということです。何かあれば「ノー」と言える状態です。「会社に縛られないお金」を持ち、そのおかげで自由であるわけです。

私は13歳のときに働き始めました。ハエ叩きの訪問販売をしたり、道端に落ちている空き瓶を拾ったりすることも仕事と考えれば、もっと早くから働いていました。働くことは楽しく、報酬をもらうことは喜びでした。私は倹約家で、お金が貯まっていくことに夢中でした。もともと倹約が遺伝子に備わっていたからか、16歳になったら赤いオープンカーを買えると母にそそのかされたからかはわかりません。もっとも、16歳になっても車は買えませんでしたが。

16歳の誕生日の前に父が体を壊し、父の事業も傾きました。私が貯めたお金は大学の学費に消え、経済的に不安定な世界を知りました。オープンカーを買ったのはずっとあとのことです。今でも、20年間働いた人が失業し、直ちに破産するのを見ると、心が痛みます。こんなことがあってよいものでしょうか。お金について学んでいないから、そんな結果を招くのです。

「会社に縛られないお金」という言葉を知るよりもずっと早く、私はそれが必要だとわかっていました。私の記憶が正しければ、この言葉は、ジェームズ・クラベルの『ノーブル・ハウス』という小説で初めて目にしました。小説を読んだそのときから、私の目標は「会社に縛られないお金」だと明確に定まりました。

小説では、若い女性が「会社に縛られないお金」の獲得を目指していました。それは、彼女が誰の要求からも自由でいられて、自分の望みどおりの人生を送るのに十分なお金を意味しています。彼女の目標は1000万ドル。私から見れば、経済的自立に必要な金額よりもずっと大きな金額です。ここで、「僧侶」の考え方を少し持っていれば役に立ちます。経済的自立とは、お金を稼ぐことであると同時に、控えめに生きることでもあると気づきました。先ほどのたとえ話のとおりです。

小説と異なり、「会社に縛られないお金」は一生過ごすのに必要なお金だとは考えていません。しばらくの間、仕事から遠ざかれるだけのお金があれば十分という場合もあります。

私が最初に「会社に縛られないお金」を手に入れたのは25歳のときです。なんとか5000ドルという大金を貯めました。大学を出たあと、職業と呼べる仕事に初めて就き、最低賃金で2年間働きました。その5000ドルは、年俸1万ドルで2年間働いた結果です。しかし、私はそこで旅に出たくなりました。何カ月かヨーロッパを放浪したくなったのです。しばらく休職したいと上司に相談しましたが、そんなことは珍しかった頃で、上司は認めませんでした。労働条件を交渉することなど思いもよらない時代でした。休暇を願い出ても、雇用主がダメだと言えば、それで終わりです。

仕事自体は希望どおりのものでしたし、次の仕事を見つけるのはとても難しいとは思いましたが、私は1週間考え抜き、仕事を辞めることにしました。とにかくヨーロッパに行きたかったのです。

すると、風向きが変わりました。上司が「慌てて決めないで。オーナーと話してみるよ」と言いました。騒ぎが収まってみると、私は6週間の休暇を勝ち取り、自転車でアイルランドとウェールズを旅することになったのです。

交渉してどうにかなるとは思っていませんでしたが、私はすぐに理解しました。その後、毎年1カ月の休暇を要求し勝ち取ったのです。翌年はギリシャに行きました。「会社に縛られないお金」で旅行ができただけでなく、交渉もできるようになりました。私はもう会社の奴隷ではないのです。

その後、私は4回転職し、一度はクビになりました。次の仕事に就くまでの間、短いときは3カ月、長いときは5年間、仕事から離れました。目的は新しいキャリアに移ることや事業買収、旅行などさまざまです。自分で辞めたのでないときは、なんの計画もありません。最近の転職は2011年のことで、そのときはそのまま引退するつもりでした。でも、どうなるかわかりません。私はお金を稼ぐことが好きなのですから。

娘が生まれたのは、仕事をしていない時期でした。こういうことは時間が自由に使えるときに起こるものですね。今では娘も大人になりましたが、それまで娘が見てきた父親は、あるときは1日に18時間も働き、ほとんど家に戻らなかったり、別のあるときは寝坊して家でぶらぶらしていたりで、やりたいように過ごしていました。そんな私を見てきたことで、お金に使われるのでなく、お金を持って、仕事を楽しむことの価値を学んだのでしょう。

娘が2歳のとき、妻は働いていた学校に戻りました。私はある事業を買収していた時期で、自由になる時間がたっぷりありました。夕方、母親が学校に行っている間、娘と私は「ライオンキング」の映画を何度も見ました。それまで私が見たすべての映画を合わせたよりも多くの回数を見たのではないでしょうか。その頃、コップを積み上げてタワーをつくるなど、娘と遊んだことを今でも楽しく思い出します。私たちが大切にしている親子の関係性はこうやってつくられました。

当時、私の月給はありませんでしたが、妻と話し合い、妻が仕事を辞めて家にいることにしました。よい考えだと思いながらも、これは妻には難しい決断でもありました。彼女も子供の頃から働いていて、働くことが好きでした。働いていないと、自分が家庭に貢献していないと感じていたのです。

私は言いました。「私たちには『会社に縛られないお金』がある。いい車や大きな家を買おうとは思っていない。君は仕事を続けてお金を稼いで、何を買おうというのかい？それよりも娘と一緒に家にいるほうが貴重だと思わないか」

こう考えると、決断は容易です。妻は仕事を辞めました。これは私たちにとって最高の「買い物」でした。これで私たちはまったく無給になりました。結局、3年間、2人とも仕事はしませんでしたが、その間に、私たちの資産は増加したのです。このとき、私たちは「会社に縛られないお金」を持っているだけでなく、経済的な自由を獲得したのだと気づきました。

そして私がどうなったかといえば、買収する価値のあるビジネスを見つけることができず、ある顧客に雇われてコンサルティングを2、3年やりましたが、報酬は数年前にやっていた仕事よりも上がりました。

その後、ニューハンプシャーに移り、妻は娘の小学校の図書館でボランティアを始めました。もちろん無理のない範囲での勤務です。数年後に、学校は有給の仕事をオファーしてきました。それは妻がやり慣れた仕事ではありませんでしたが、ストレスのない自由な仕事でした。妻は過去に拘《こだわ》らないのです。

34年に及ぶ私たちの結婚生活において、ほとんどの期間はどちらかが働いていたので、健康保険という難問はなんとかなっていました。1990年代初めの数年間、2人とも仕事がなくなったとき、税控除の大きい高額医療保険に入りました。昔のことで細かくは思い出せませんし、今では使えないものだと思います。とにかく妻が65歳になってメディケア（高齢者向け医療保険制度）の世話になる前に引退した場合に備えて選んだものです。

今のところは、学校での仕事を楽しんでいますし、休みには旅行にも行きます。

あとで詳しく書きますが、私たちの投資はシンプルにやるところが真髄です。また、収入源を多様化する投資スタイルを好んでいないことにも気づかれるでしょう。シンプルなのがよいのです。私には、金（ゴールド）も年金も、また何かの使用料収入もありません。

２０１１年に仕事を辞めて経済的自立を確保したとき、過去に失敗した投資がまだ残っていました。現金が必要な引退生活に入ったので、これらを始末して現金化しました。その投資は、株式インデックスを上回る成績を上げられると思って、銘柄選択をしたものがほとんどです。それがどれほど難しいことかを受け入れるのは、とてつもなく時間がかかりました。そして、次の３つのことで、私は救われたのです。

①収入の50%を確実に貯蓄していたこと。
②借金をしなかったこと（自動車もローンを組んだことはありません）。
③バンガードの創設者であり、インデックスファンドでの投資家であるジャック・ボーグルが40年も前に完成させたインデックス投資の教えをしっかり支持したこと。

振り返れば、たくさんの間違いを犯してきたことに驚きます。それでも、これら３つの指針が私たちの望みをかなえてくれました。私の経験を知れば、これまで間違いばかりで、人生を変えたいと願う人は元気が出ると思います。

私がやり始めたとき、同じ道を歩く人は誰もいませんでした。私自身もその道がどこに続いているのかわかりませんでした。株式の銘柄選択が騙し合いだとか、大きな儲けを狙う賭けは経済的自立に必要ないと教えてくれる人はいませんでした。博打は不要ということだけでも知っていれば、マライア・インターナショナルという金鉱会社の破産で、投資した5万ドルを無駄にすることはなかったはずです。

さて、今の私は引退して、とてもいい気分です。決まった時間働かなくてよいことも楽です。明け方の4時まで起きて、その後、お昼まで寝ていてもいいし、4時半に起きて日の出を見ることもできます。天気のよい日に友達の誘いがあれば、いつでもバイクで出かけられます。ニューハンプシャーでぶらぶらしていたと思ったら、突然、何カ月間も南アフリカへ旅行に行っても問題ありません。気が向けばブログを更新し、また本を書くかもしれません。ベランダに座ってコーヒーを片手に読書三昧かもしれません。

ひとつ残念なのは、どうやればうまくいくかを考えるのに時間をかけすぎました。その点は無駄でしたが、生まれつきの性質という面もあります。ここだけは私の真似をしないでください。

年を重ねるにつれて、日々の時間が大変貴重に思えてきました。役に立つ人や活動を求めると同時に、価値をもたらさない人や活動からは遠ざかるようになりました。世の中には楽しいことがたくさんあります。お金はそのほんの一部にすぎません。しかし、「会社に縛られないお金」があれば、自由を得ることができます。ものや時間を手に入れて、好きなように使うことができます。引退しているかどうかに関係なく、自分の旅路を楽しむのです。話を進める前に、いくつか大切な注意書きを読んでいきましょう。

Ⅳ　大切な注意書き

①物事は変化する

本書では、法規制やファンドの経費率、税率や投資口座の投資上限など、さまざまなものが登場します。書いたときに正しかったことも、その後、変更されます。書いている間にもしばしば変更はありました。あなたが本書を読む頃には古くなっていることもあるでしょう。私の考え方をお伝えする上で大きな影響はありませんが、正確を期したい方はご自分で調べてください。

②本書で行った予測や計算について

伝えたいポイントを説明するために、数式を使って数字を計算しています。もちろん、正確に計算しても、将来の姿が間違いなく示されるとは限りません。どの計算式を使ったかは示しておきますので、数値を変えたらどうなるかを知りたい方はご自分で計算してみてください。

多くの場合、1975年1月～2015年1月の期間で運用シナリオを考えています。この本は長期的な投資について書いているので、この40年間は最適です。そして、1975年は、ジャック・ボーグルが世界初のインデックスファンドを立ち上げた年です。ついでに言えば、個人的なことですが、私が投資を始めたのも1975年でした。

この40年間に、マーケットは年平均11・9％の利回りを生み出しました。1年ごとの利回りはあれこれ変化しますが、40年間が終わってみれば、平均で11・9％を達成していたのです。これはすごいことです。

2000～2009年だと、そんなに上がっていないという反論が聞こえてきそうです。確かに、この期間では、配当の再投資を加えても3・8％のマイナスでした。しかし、この期間は過去100年間の中で最低の期間を含んでいるのです。最高の期間を見れば1982～2000年の年平均18・5％や2009～2015年の間の17・7％というのもあります。つまり、ある1年だけを取ると、どんな利回りになるかわからないのです。どの期間で見るかによっても、まったく違います。

ここにジレンマがあります。過去40年間の平均利回りが11・9％だったという事実がある一方で、**将来の利回りにその数値をそのまま使ってはいけない**というジレンマです。

私は、別の期間を使うことも検討しました。しかし、同じ変数を使えば、将来に当てはまるとは限らない別の数値を生み出すだけです。

同じ期間でも指標を変えれば、さまざまな姿が見えてきます。先ほどと同じ40年間で配当の再投資を行わなければ、年平均利回りは8・7％になりますし、さらにインフレの効果を除けば4・7％になります。こうすればインパクトは小さくなるかもしれませんが、有益とは思えません。

もっともらしい8％などの数字を使うことも考えました。実際、8％という数字を使った部分もあります。市場の利回りはしばしば8～12％だと言われますが、その中の控えめな数字を使うのはありそうなことでしょう。

しかし、結局のところ、どこからともなく引っ張ってきた数字ですから、「誰がもっともらしいと決めたのか」という問題になります。そう考えていった結果、私はほとんどの場合に11・9％を使うことにしたのです。それが過去の実績ですから。しかし、もう一度強調させてください。

年率11・9％の利回りは、あなたの将来の計画で達成できる数字だと言っているのではありません。

私たちは可能性を試しているだけです。11・9％が高すぎる、あるいは低すぎると思うのであれば、より納得できる数字を使って計算してみればよいのです。

いずれにしても、可能性を考えるために数字を使っているだけなので、何を使うとしても、毎年そうなるとは限りません。10年単位で見れば、だいたい当たっているかなと言える程度です。将来を正確に予測することは誰にもできません。それを常に忘れないようにしてください。

Part 1
オリエンテーション

「今が最高潮、でも私は踏みとどまるわ」
（ブロンディ）

1

借入金は、負ってはいけない重荷

大学を出て数年後に、私は初めてクレジットカードをつくりました。無職の私が飼っているプードルでさえ貸出枠を持っている現代とは違って、当時は簡単にはつくれませんでした。最初の月にカードで３００ドル使いました。請求書が届き、見てみると、購入明細と合計のほかに最低支払額10ドルと書いてありました。信じられません。３００ドルの買い物をしたのに、月に10ドルだけ払えばよく、まだ買い物ができるというのです。すごいぞ！

でも、頭のどこかで父の言葉が聞こえました。

「信じられないくらいよい話は、よくない話だ」

〝あるいは〟でも〝ひょっとすると〟でもなく、はっきりと「よくない」というのです。

幸い、近くにいた姉が、小さな字を指し示してくれました。残りの２９０ドルに対しては18％の利息を課すとあります。なんだって？　カード会社の人たちは私がそんなバカだと思っているのか?

実際、彼らはそう期待していたのです。私個人に対してではなく、みんなそうすると考えているのです。そして、残念ですが、多くの場合、彼らの期待はかなえられます。あなたのまわりを見回してみてください。よく見てみると、なんの疑いもなく借り入れをする人が多いことか。それが財産を築く上で最大の障害になるというのに。

営業担当者にとって、これは便利な道具です。借り入れをしない場合に比べて、商品やサービスを売るのがずっとやりやすくなり、より多くを売ることができます。

借り入れをしなければ、新車の値段が3万ドルになることもないし、学生ローンをしなければ大学の学費が10万ドルを超えることもなかったはずだと考えたことはありますか。

ところが、借り入れは、毎日の生活の中で当たり前のこととして宣伝され、利用されているのです。借り入れが特殊な存在だとは到底言えません。アメリカ人は総額12兆ドルの借入金を背負っています。住宅ローンが8兆ドル、学生ローンが1兆ドル、そしてクレジットカードや自動車のローンなどで3兆ドルです。本書をお読みになっている時点では、数字はもっと大きくなっているでしょう。

問題なのは、ほとんど誰も、これが問題だと思っていないことです。多くの人は借り入れを行うことで、よりよい生活を手に入れられると考えています。

はっきり言いましょう。この本は経済的自立、つまり、あなたが経済的な自由を勝ち取ることを目指しています。豊かになって、自分の人生を自分でコントロールするのです。

まわりの人を見てみましょう。ほとんどの人は、経済的に最後まで自立できないまま終わるでしょう。その最大の理由は借入金を受け入れていることです。あなたには、彼らと違う考え方をしてほしい。その手始めが、借入金は当たり前ではないと理解することです。借入金は、富を築く可能性を奪い去る、たちの悪いものです。そんなものを頼りにしてはいけません。

多くの人が借入金まみれなのに幸せそうにしていることが、私には信じられません。したがって、借入金の害をどう説明すればよいのか戸惑ってしまいますが、やってみましょう。

・経済的自由を手に入れようとするどころか、自分のライフスタイルを維持できなくなります。消費まみれの生活にどっぷり漬かりたいと望んだとしても、借入金があると、収入の大きな部分が利息の支払いに使われます。つまり、収入の一部が使えなくなるのです。

・現在の収入源に依存することになります。借入金は返済しなければなりません。長期的な目的に合った人生の選択をするとき、大きな制限を受けます。

・ストレスが増えます。首まで地面に埋められたようなものです。借入金を負っていることは、感情的、心理的に負担となり、大きな危険をもたらします。

・中毒になるのと同じように、ネガティブな感情を持つようになります。恥ずかしさや罪悪感、寂しさ、誰も自分を助けてくれないという思い。それを招いたのは自分自身だということが事態をさらに悪化させます。選択肢が限られ、ストレスが上昇すると、自己破壊的な行動がいっそう強くなります。飲みすぎ、喫煙、そして皮肉なことに買い物衝動。危険なだけでなく、いつまでもやめられなくなります。

・借入金があると、過去、現在、将来にわたって最悪のケースだけを考える傾向が生まれます。過去の失敗にこだわり、目の前の苦しみと迫り来る不幸で頭がいっぱいになります。

・何かの魔法で、問題はそのうち解決されるだろうという根拠のない希望を持つようになり、問題に正面から立ち向かえなくなります。借入金を抱えていることで、あなたの経済活動、習慣、価値観は思い通りにならなくなります。

「もう借入金を抱えている私は、どうすればいいの？」

「なんとしても借入金を避けること」が正しい道ではありますが、すでに借入金を抱えているのなら、最も有効なお金の使い方は、予定より早く返済することになります。大まかな指針（アメリカの場合）を書くとしたら、次の通りです。

- 借入金の金利が３％未満だったら、返済はあせらず、余裕資金を投資に回しなさい。
- 借入金の金利が３〜５％だったら、余裕資金を返済に充てても、投資に回してもかまいません。お好きなやり方で。
- 借入金の金利が５％より高かったら、何をおいてもできるだけ早く借入金を返済すべきです。

数字のことだけを書いていますが、借入金を解消して前へ進むことには多くのメリットがあります。もしこれまでに借入金の管理に悩まされていたのなら、なおさらそうです。

「借入金の返済は、どうやればいいの？」

借入金から自由になることを勧める本はたくさんあります。ここまで読んで、もっとアドバイスが欲しいと思われたなら、それらの本を読んでみてください。ただし、方法ばかりを追いかけて、実行することがおろそかにならないように注意すること。楽な方法はありませんが、方法自体はシンプルです。私ならこうします。

- すべての借入金をリストアップする。
- 絶対に必要とはいえない支払いはすべてストップします。毎日飲んでいるコーヒー代5ドル、20ドルの夕食、カクテル12ドル。これらをやめて捻《ひね》り出したお金が、あなたの人生を焼き尽くす借入金を消すために必要な資金になります。
- 金利の高い順に借入金の優先度をつけます。
- すべての借入金について、最低限必要な返済額をまず支払い、次に、金利の最も高い借入金の返済に集中させます。
- 1つ片付けたら、リストの2番目の借入金を返済します。

・全部片付けたら私にご連絡ください。あなたを称える乾杯をしてあげましょう。

私がしないことを書いてみましょう。

・助言をくれる人にお金を払うことはしません。費用が増えるだけです。お金に関するカウンセリングに特別な奥の手などありません。楽にやる方法もありません。自分自身でやるしかないのです。
・借入金を1つにまとめようとは考えません。それが金利を下げるためであっても。あなたは借入金のリストを早く完全に消してしまいたいはずです。そうすれば金利はゼロになります。ゴールはそれであり、金利を18％から12％に下げることではありません。時間も考える力も「賢い戦略」に使うのではなく、借入金を消すことに集中しましょう。
・少額の借入金を先に返済して、気分を盛り上げることはしません。これが人気の戦略であることは知っています。そして、もしそうすることで、あなたが借入金撲滅を継続できるのであれば、それもよいでしょう。しかし、先を読んでいただければわかりますが、私はそうしません。戦略は数字をベースに考えるべきであり、気分を楽にす

るために考えるものではありません。

おわかりのように、別にかっこいいものではありません。任務に取り組み、やり遂げることです。シンプルですが、容易ではありません。借入金返済に充てる資金を生み出すために、ライフスタイルや消費を大きく変更する覚悟が必要です。借入金を消し去るまで、何カ月、何年もの間、やり続ける頑張りが必要です。ここでよいことを教えましょう。すばらしいことです。

消費を抑えるライフスタイルを身につけ、浮いた資金を借入金の返済に充てることは、経済的自立の基礎を築くことにもつながっているのです。

借入金がなくなったら、余裕資金を投資に向けましょう。借入金がなくなっていく喜びを知れば、今度は資産が増えていくのを見る喜びも理解できます。無駄にする時間はありませんよ。借入金はすぐに対処すべきリスクです。もし今、借入金を抱えていたら、その返済が最優先です。

ほかのことはそれほどの問題ではありません。まわりの人をもう一度見回してみましょう。ほとんどの人にとって、借入金は生活の一部になっています。でも、あなたがそうする必要はありません。奴隷になるために生まれたのではないのですから。

「よい借入金」という言葉に対するコメント

「よい借入金」という言葉を聞くことがあると思います。耳にしたら注意してください。よく見る3つの形態を考えてみましょう。

・ビジネスローン

すべてではありませんが、多くの企業はさまざまな理由でお金を借ります。購入資金、在庫資金、事業拡張のための資金などさまざまです。うまく使えば、借入金によってビジネスを広げて、より多くの利益を得ることができます。しかし、借入金は常に危険なもので、そのせいで失敗した企業はどの時代にも存在しています。

抜け目なく借入金を使いこなすことは本書の担当範囲を超えています。うまくやった人は大変な注意を払っているとだけ言っておきましょう。

・不動産ローン

借入金で家を買うのは、古くから「よい借入金」と言われてきました。でも、本当にそうでしょうか。不動産ローンはすぐに借りられるので、買う必要のない人まで家を買ってしまいますし、必要以上に高額の家を買ってしまう傾向があります。不動産ブローカーやローン仲介者がより高いものを買わせようとするのも残念なことです。

経済的自立を目指すのであれば、借入金をできるだけ少なくすることです。つまり、買える中で最高の家ではなく、必要最小限の家を探すのです。より大きな家を買えば、コストは大きくなります。借入金の返済額が増えるだけではありません。固定資産税も上がり、光熱費も修繕費も、仕上げや建て直しも、すべてが高くなります。あなたが資産を築く基礎になるお金が、これらの支払いに使われ、機会損失を大きくします。

家が大きくなると、空間を埋めるための持ち物も増えます。身の回りのものが増えると、時間やお金、そしてエネルギーをそれらに注がなくてはならなくなります。

家を持つことは贅沢《ぜいたく》な道楽です。投資ではありません。道楽に使う時間ができたときには、それでよいかもしれません。私も自分の家を持っています。しかし、家を持つことは必要で、経済的に健全なのだから、そのための借入金は「よいもの」だと盲目的に信じ込むことはやめましょう。

・学生ローン

私はイリノイ大学に1968年から1972年まで在籍しました。毎年の費用は1200ドルでした。これで学費、本代、家賃、食事、さらにちょっとした娯楽まですべてをまかないました。毎年3カ月間の夏休みには、病気になったニレの木を切り倒す仕事で週6日働き、毎日20ドルを受け取りました。秋まで毎週100ドルを貯蓄して、次の年度が始まる前に1200ドルを蓄えていました。

私が住んでいたのは、危険指定されてもおかしくないボロボロの古い家の一室でした。毎週2、3回は白米にケチャップをかけて食べていました。

時を進めて2010年から2014年には、娘が大学に行っていました。ロードアイランド大学で、必要な資金は年間4万ドルでした。もう1つの候補はニューヨーク大学で、ここだと年間6万ドルが必要でした。私の古い同僚が、BMWの新車を買ったのに、1年だけ乗って捨てることを4年間繰り返すようなものだと、うまいことを言っていました。

インフレの影響が大きいのは確かです。消費者物価指数によれば、1907年に1ドルだったものを2014年に買うには6・19ドルが必要です。4800ドルだった学費は16万ドルへと33倍になったわけです。

ここで、間違えないように。学生ローンは簡単に組めて、お金を簡単に渡してくれます。大学は新しい建物を建設し続けますが、きれいな建物にはきれいな内装が必要になります。1970年には平均2万5000ドルから3万ドルだった学長の報酬は、今では50万ドルほどであり、中には100万ドル台のケースもよくあります。これらの要因で大学関係の費用は上昇し、安く暮らす選択肢を奪い取っています。私が住んでいたオンボロの家は取り壊され、素敵な寄宿舎に生まれ変わりました。

ケチャップをかけたご飯は、友達もやっていたので、当時は恥ずかしいことではなく、むしろかっこいいことでしたが、今となっては、学生ローンを借りている学生が寿司を食べに行くような中で、決まりの悪いことになっているでしょう。

残念なのは、大学に行く費用が高くなったことで、より高度な教育を受けようとする意欲が削がれてしまったことです。学んで教養を深めるよりも、驚くほど高い学費と、積み上がる借入金に見合った職にありつくために、学生は職業訓練の追求に向かってしまいました。

望んだ仕事にうまく就けたとしても、仕事は魅力を失っていくものです。そうなったあとも、若者たちは長くその仕事に縛りつけられてしまいます。若い頃の時間は、鎖につながれて疲労していくのではなく、冒険に使って、基礎を築き、視野を広げるべきです。

本当に危険なのは、ほかの借入金と異なり、学生ローンから自由になれないことです。破産しても残ります。墓の中まで、あなたを追いかけてきます。給料や社会保障の給付も返済原資に組み込まれます。だから、銀行は学生ローンを貸し出そうと躍起になるのです。

個人は自己責任を負うべきだと考えています。自分の意思で借りた借入金はきちんと返済するべきです。しかし、経済の知識などを持っていない17歳や18歳の若者たちに、ほとんど自動的にこの重荷を負わせることについては深く考えさせられます。年季奉公の奴隷になる世代を生み出しているのです。そこになんらかの道徳的な規律やメリットは見つけられません。

2

「会社に縛られないお金」が必要な理由

２００1年9月11日の同時多発テロ直後に、私は会社をクビになりました。

その半年前には、これまでの売上記録を破ったお祝いに部門長が私をランチに連れて行ってくれました。その会社は爆発的に成長し、とんでもない利益を上げていました。ランチではワインを飲みながら明るい未来について話し合いました。その仕事は、私にとって最高でした。最高のリーダーの下で最高のチームを組み、仕事を楽しみ、大きな収入を得ました。ちょうど、これまでもらったことがないほど高額のボーナスの小切手を現金にしたところでした。

1年後に私と娘がテレビのニュースを見ていると、大恐慌のときのようにパンを配る列に並ぶ人々が画面に出ていました。景気が低迷する中で、仕事を失い、貧乏になった人たちだとレポーターが伝えていました。私も当時まだ失業中で、少し休んでいるところでした。8歳だった娘が尋ねました。

「お父さん、私たちも貧しいの?」娘はとても心配していました。

「いや、私たちは大丈夫だよ」

「でも、お父さんは今仕事がないよね」明らかに、テレビに映っている失業した貧しい人たちと同じではないかと心配していたのです。仕事がどんなものか、娘が知っていたわけではないでしょうけれど。

「心配ないんだ。私たちのために働いてくれるお金があるからね」

私はそう言いました。そして、これまで一生懸命働いて「会社に縛られないお金」を確保したのは、このためだと考えていました。「会社に縛られないお金」という言葉を聞くはるか前から、私はそれを目的にしていたのです。

名前は知らなくても、どんなもので、なぜ大切なのかはわかっていました。お金で買えるものはたくさんありますが、最も価値があるのは自由です。やりたいことをやり、尊敬できる人のために働くことを選べる自由。毎月の給料で暮らしている人は、そこから自由にはなれません。お金を借りている人は、もっと重い足かせをつけた奴隷になっています。奴隷状態から見逃してもらえるとは思わないでください。

すでに書きましたが、最初の仕事を始めて2年で「会社に縛られないお金」を少額でしたが貯めて、休暇を多く取れるように交渉することができました。1989年になると、お金の額もそれによって得られる自由も大きくなりました。引退するには不十分かもしれませんが、必要があれば「会社なんて辞めてやる」といつでも言える金額です。

時期に恵まれた面はあります。事業買収のために少し休もうかと思っていた頃、上司とオフィスで言い争いになり、今がそのときだと思いました。私は高級な車を持っていませんが、自由があります。仕事をいつ辞めるかを決められる自由と、辞めさせられても不安になることのない自由。9・11の事件のあと、3年間失業していましたが、次の仕事をまともに探してはいませんでした。それでも問題はありません。

3

誰もが大金持ちになって引退できるか

「誰でも大金持ちになって引退できるでしょうか?」という気になる質問が私のブログに届いたことがあります。それ以来、その質問が頭から離れなくなりました。

簡単に回答すれば、条件付きで「イエス」となります。中流の給与所得者なら、誰でも引退するまでに大金持ちになることは可能です。実際に全員がそうなるわけではありませんが、数字的には無理ではありません。複利計算を考慮すれば、わずかな資金を投資して100万ドルまで増やすことはできます。

1975年1月から40年の間、市場の平均利回りは配当を再投資すれば11・9%くらいに、配当を投資しなければ8・7%くらいになります。(注1)この利回りで1975年に1万2000ドルをS&P500に投資していたら、40年後には107万7485ドルになっている計算になります。(注2)

（注1）https://dqydj.net/sp-500-return-calculator/ のサイトで計算できます。「Adjust for Inflation（CPI）?」にチェックを入れません。複利の計算は（Dividends Reinvested）の項目です。
（注2）https://dqydj.com/sp-500-periodic-reinvestment-calculator-dividends/ のサイトで計算できます。「Click To Show Advanced」を押し、「Ignore Taxes」と「Ignore Fees」にチェックを入れます。

1万2000ドルが手元にないなら、1975年1月から毎月130ドル、つまり年間1560ドルを投資し続ければ、2015年1月には98万5102ドルにまで積み上がっていたはずです。かなりの金額ではありませんか。

どうしても100万ドルが欲しいなら、毎月の投資を150ドル、年間1800ドルにすれば、113万6656ドルになります。100万ドルに加えてテスラとコルベットが買えますね。

過去40年間に市場は上下動を繰り返していたことを考えると、面白い結果だと思いませんか。ただし、複利で増やすには時間が必要です。若いときに始めることが重要です。もちろん、目標は100万ドルでなくてもかまいません。質問するなら「経済的自立を誰もが勝ち取れるか」と尋ねるべきでしょう。

Early Retirement Extreme（www.earlyretirementextreme.com）や、Mr. Money Mustache（www.mrmoneymustache.com）のようなブログを見れば、普通の収入の人が質素に暮らし、せっせと蓄えて、思いのほか短い期間で目標達成した話をたくさん見つけられます。Early Retirement Extreme に登場する人がやっているように、1年間を7000ドルで暮らせるなら、手元に17万5000ドルあれば、資金の4％を使って1年生活するという計算が成り立ちます（Part 4の26を参照）。

一方で、私は1995年に友人とランチをしたときのことを思い出します。彼はちょうどその年のボーナス80万ドルを手にしたばかりでしたが、「たった80万ドルのボーナスでどうやって暮らせるのだ」と文句を言い続けていました。

彼がどうお金を使っているか聞いてみると、納得できました。彼は3カ月ごとに17万5000ドル使っていました。経済的自立は、彼には夢のまた夢でした。

お金の意味はとても相対的なものです。今、私の財布には100ドル入っています。大金持ちの人の1万ドルのほうが、私の100ドルよりも資産全体に対する比率は小さいかもしれません。ごく貧しい人にとっては、1年間を通して、100ドルというお金を見ることはないかもしれません。

経済的に自立していると言えるのは、それだけのお金を持っているということですが、同時に、どれだけ必要なものを限定できるかということでもあります。収入の多寡は関係ありません。何に価値を見いだすかがポイントです。むしろ、高額所得者は破産しやすく、低所得者は目標達成しやすい傾向があります。お金でいろいろなものが買えますが、経済的自立ほど大切なものはありません。簡単な公式はこうです。

稼ぐ範囲で使い、余りは投資する。借入金は避ける。

イントロダクションで書いたとおり、これだけやればお金持ちになれます。お金だけの話ではありません。収入と同額あるいはそれを上回る出費をするのであれば、経済的に自立するという希望はかなえられません。

こんなケースを考えてみましょう。あなたの年収が2万5000ドルだとしましょう。あなたは経済的自立を望んでいます。これまで紹介したブログからヒントを得て、生活を立て直し、年間1万2500ドルで暮らせるようにしようと考えています。ここで、重要なことが2つ登場します。生活の中で必要なことを削ること、そして投資の原資を生み出すことです。

では、いくつかのシナリオに従って試算してみましょう。資産の４％を使って生活をまかない、経済的に自立できている状況になるには、31万２５００ドルが必要になります（31万２５００ドル×４％＝１万２５００ドル）。

さて、毎年１万２５００ドルを投資します。ここではバンガードの株式インデックスファンド（ＶＴＳＡＸ）に投資することにします。過去40年間の年平均利回り11・９％で投資できたとすると、11・５年で31万７１７５ドルになり、自立を達成できます。[注3]

（注3）https://www.calculator.net/investment-calculator.html のサイトで計算できます。「End Amount」のタブをクリックしてください。

ここで、あなたは「よし、必要な資金は蓄えた。これからは年収２万５０００ドルをすべて生活に使い、31万２５００ドルは投資に残しておこう」と考えます。それから10年すると、追加投資をまったく行わなくても、投資した資金は96万１９４６ドルに増えています。ここまで来ると、96万１９４６ドルの４％は３万８４７８ドルになるので、もう仕事を辞めても今よりよい暮らしが可能になります。

計算を簡単にするために、ここでは税金を無視してきました。しかし、一方で、収入がまったく上昇しないことを前提としました。しかも、すべてVTSAXに投資し、生活のために引き出すのは4%としました。これらの条件については、あとでもっと細かく検討します。ここでは、どうなるかのイメージを示して、お金をただ使うよりも、多くの価値をもたらすことをお見せしたのです。

残念ながら、この方法を現実の選択肢として考える人は多くありません。そんな方法があることをわかりにくくする強力なマーケティング勢力が至るところに存在します。トレンドになっているくだらないものを使うべきだと、しつこく耳に流し込んできます。「手元にお金がなくても大丈夫。クレジットカードや消費者ローンはそのためのものです」と。

こんなマーケティングの中にいると、年収2万5000ドルで純資産100万ドルにたどり着くことができるとは、ほとんど想像もできなくなります。悪質な陰謀ではありません。企業がビジネスを遂行しているだけです。それがあなたの資産にとても悪い影響を与えるのです。

市場は大変大きく、そこにある経済的な価値は底知れないものがあります。必要なものと欲求との境界線は、意図的にわかりにくくされています。ずっと前に私の友人が新しいビデオカメラを買いました。最高級品で子供の様子をすべてフィルムに納めていました。彼は興奮した様子で、「これがなくては、子供をうまく育てることなんて絶対にできないよ」と言っていました。そんなことはありません。できますよ。ビデオに撮られないで育てられた子供は歴史の中で数え切れないほどいます。今でも私の子供のように、ビデオに撮られていない子供はたくさんいます。それがないと生活できないと誰かが言っても、従う必要はありません。こういう人はどこにでもいます。自分に必要なものを制限して投資を増やし、お金持ちになりたければ、信じてきたものを見直すことに意味があります。

4 お金についての考え方

レベル1　使うためだけのものではありません

100ドルの新札を手にとってみましょう。テーブルの上に置いて、それがどんな意味を持っているか考えてみましょう。たとえば、次のように。

①今すぐに何が買えるかを考えるかもしれません。高級なレストランで食事ができます。かっこいいスニーカーも買えます。どでかいピックアップトラックにガソリンを入れることもできます。食品をいくつか、あるいは素敵なセーターが買えます（私はあまり買い物をしないのでよくわかりませんが）。私は119ドルで愛犬用のベッドを買いましたが、返品することになりました。犬はそこで寝ようとしないのです。

②このお金を投資できるなと考えるかもしれません。過去の株式市場の利回りは平均して8~12%です。100ドル投資して8~12%を使い、投資用の100ドルを手元に残しておけます。

③しかし、インフレや市場の下落が気になるかもしれません。そこで、100ドルを投資しても4%しか使わず、余ったお金を投資に回します。そうすれば、投資用の100ドルが増えていき、インフレに対応できるかもしれません。

④100ドルを投資して、利益をすべて再投資し続けようと考えるかもしれません。何年も過ぎて、魔法のように複利の効果が出てから、お金を使うことを考えます。

ほかの考え方もあるかもしれませんが、こうして見てみると、考え方によって、あなたは貧しいままだったり、中流クラスになったり、さらにお金持ちになる場合があることがよくわかると思います。

マイク・タイソンは史上最も恐れられたボクサーの1人です。彼ほどボクシングに習熟した人はいませんが、経済については別の話です。彼は3億ドルを稼いだあと、結局、破産しました。毎月40万ドルかかると言われたライフスタイルは続きませんでした。突然、大金を手にしたけれど、その意味や価値に気づかない人にはよくあることですが、財産をがっぽり持っていこうとする人食いザメがまわりに集まっていたのだと思います。しかし、根本的な問題は、彼がお金を〝モノを買う道具〟としてしか考えていなかったことです。

とくにタイソンをあげつらうつもりはありません。そんな考え方は彼だけのことではありません。スポーツ選手や芸能人、弁護士、医師、企業経営者など、多額のお金が入ってくるのに、すぐ他人のポケットに持っていかれる人はそこらじゅうにいます。お金について考える機会がまったくなかったのでしょう。

難しいことではありません。あなたのお金で何が買えるかを考えてみてください。次に、あなたのお金が何を生み出せるかを考えてみるのです。そして、生み出されたものが、さらに何を生み出せるかを考えます。このように考え始めると、お金は使うとなくなるだけでなく、そのお金が生み出すはずだったものが失われることも理解できるようになります。

絶対にお金を使ってはいけないというのではありません。使うときに、それがどういう意味かをきちんと理解するということです。

２万ドルで車を買う場合を考えましょう。車を買えば、２万ドルが消えることは誰でもわかりますよね。でも、ほとんどの人は、リースやローンで買うことの意味を理解していません。彼らがやっているのは、「この車を買うのに2万ドルなんて払いたくないよ。もっとたくさん払いたいんだ」と言っているようなものなのです。

レベル2　機会損失を考えよう

おそらく、これまで考えたことがなく、しかし、ぜひ考えてもらいたいことがあります。それは、現金2万ドルで車を買ったとき、その車の費用は2万ドルよりはるかに大きいということです。あなたのために働いてくれるはずだったお金がなくなったことで、機会損失が生まれています。投資せずに何かを買ったとき、機会損失が生まれます。数字にすることは簡単です。そのお金でどんな投資ができたかを考えるだけです。私のお気に入りのVTSAXを使ってみましょう。

ここで知っていてほしいのは、VTSAXが株式市場全体を対象とするインデックスファンドであり、市場全体の平均利回り8〜12％を反映していることです。だから、市場を代表する形で機会損失の具体的な数字を教えてくれます。

控えめに8％の利回りとしましょう。2万ドルを利回り8％で運用すれば、1600ドルの利息が得られます。つまり、2万ドルで車を買ってしまうと、実は2万1600ドルを失っているのです。最初の2万ドルと、それが生み出すはずだった1600ドルの合計です。これは1年目だけの話で、この機会損失は毎年上乗せされます。10年間で考えると、1600ドル×10年で1万6000ドル、最初の2万ドルと合わせると3万6000ドルになります。

ここまではすぐにおわかりでしょう。ところが、毎年得られる1600ドルは、それがまた利息を生む原資になります。これはまだ計算に入れていません。この二次的な利息がさらに利息を生み出すことを考えると……。

もう十分にがっかりされているのではないでしょうか。2万ドルを失い、それが毎年生み出す1600ドルを失い、その1600ドルが生み出す利益も失います。そのすべてが、あの車を買った結果なのです。

「複利の魔術」について、まだお聞きになったことがないかもしれません。蓄えたお金は利息を生み、その利息がまた利息を生むのです。年を追うごとに投資額は雪だるまのように膨らんでいきます。最初は小さくても、転がり始めると、ものすごいスピードで大きくなります。雪だるま効果はたいしたものです。

〝できの悪い雪だるまの双子〟が機会損失だと考えましょう。経済的に自立していることがすばらしいのは、複利で投資できる資金を持っているからです。お金を使うことによる機会損失よりも、雪だるまのほうが大きいのです。「会社に縛られないお金」を持っていれば、インフレを上回る利回りで投資し続けられます。そして、必要以上に使わないようにすれば、それでよいのです。

まだ経済的自立に至っていない状態で、これから経済的に自立したいと願うのであれば、機会損失の害をよく考えて、お金の使い方を検討してみるとよいでしょう。

レベル3　投資について考えよう

ウォーレン・バフェットの有名な言葉があります。

ルール1　決してお金を失わないこと。
ルール2　決してルール1を忘れないこと。

残念ですが、多くの人は、彼の言葉を額面どおりに受け取り、バフェットは市場を自由自在に出入りできる魔法を持っていて、絶対に下げ相場を経験しないでいられると思っています。それは正しくありません。実際に、彼は市場を出入りすることの愚かさをこう話しています。

「ダウ平均が19世紀末に66ドルで始まり、100年後に1万1400ドルになっているのに損をするなんて、どうやればできるのでしょうか。ところが、多くの人は損をしています。それは、うまくやろうとして、市場から出たり入ったりを繰り返したからです」

2008～2009年の大暴落のとき、バフェットも250億ドルの「損失」を出し、資産を620億ドルから370億ドルに減らしてしまいました。それでも370億ドル残っているというので、当時、私は友人に「250億ドルの損失を出してみたいものだ」と言い回っていました。

私たちと同じで、バフェットも市場の上がり下がりのタイミングを当てることはできません。そのタイミングを狙うことは愚かなことだと言い、彼はそれをやらなかったのです。

しかし、普通の人と違って、バフェットは損失を出しても、パニックになって慌てて売るようなことはしませんでした。彼にとって市場の下落は、当然、起こることなのです。

市場が下落し、新たなチャンスを提供している間、彼は投資を続けました。市場はそのうち回復します。そのとき、彼の資産も大きく回復しました。踏みとどまっていた人々の資産も回復しました。250億ドルの「損失」とカギ括弧書きにしたのは、こんな事情があったからです。

250億ドルを失っても、バフェットがパニックにならなかった理由はたくさんあるでしょう。まだ370億ドル残っていたことも理由のひとつでしょうが、投資しているお金を彼がどのように考えていたかにも大きな理由があります。

バフェットは投資のことを「事業を所有している」と言います。株式の一部を所有していることもあれば、企業を丸ごと所有していることもあります。ある事業の株価が下がるとき、彼はこう考えます。「それでも自分が所有している事業の価値はまったく変わっていない」と。企業が健全である限り、株価の変動は重要ではありません。短期的に株価が上下しても、優良な企業は現実にお金を稼ぎ、企業の価値は長期で見れば上がっていくからです。

私たちも同じように考えることができます。再びVTSAXを例にして考えてみましょう。昨日、あなたは「VTSAXに投資するのはよい考えだ。投資しよう」と言って、バンガードに1万ドルを送金したとします。昨日のVTSAXの価格は53・67ドルだったので、あなたは1万ドルでファンドを186・323850 8単位買いました。1週間が過ぎ、VTSAXの価格が56ドルになっていると、「1万ドル投資して、今1万434ドルになった。これはいいぞ」と言うでしょう。

しかし、1週間後の価格が52ドルだったら、あなたはこう言うかもしれません。「失敗だ。1万ドルの投資が9689ドルになった。運用者はダメだな」

これは平均的な投資家の反応だと思います。しかし、ちょっとしたことで価格はすぐに変動します。1日だけを見れば、価格の下げはごくわずかにすぎません。

状況をもっと正確に理解し、より多くの利益を上げる方法があります。自分が所有しているものの意味を考えるのです。価格が56ドルか52ドルかに関係なく、あなたはVTSAXを186・3238508単位所有しています。これは、全米の市場で取引されている約3700社すべての株式の一部を所有しているということです。つまり、VTSAXに投資するというのは、地球で最も強大で影響力が強く、そして豊かな国にある多種多様な企業の集合体に資産の成長を委ねることだとおわかりいただけたのではないでしょうか。

これらの企業では、優秀な社員たちが、時代の変化に対応して頑張っているのです。

中には、失敗して無価値になってしまう企業もあります。無価値にならなくても、状況が悪化して時価総額が一定レベルを下回れば、インデックスから外されてしまいます。外された企業の代わりに、新しくもっと元気な企業が組み込まれます。だから、成長に上限はありません。

誰かが落ちていくときには、上がってくる者が必ず存在します。「自浄作用」が働いているのです。私が絶対的に安全でいたいと思うとき、投資をすべてVTSAXに投入し、そこから生み出される2％程度の配当だけを消費に回します。絶対確実というものは世の中にありませんが、この方法より確実なものはないと私は考えています。

複雑な世の中で生きる上で、最も有効で強力な道具はお金です。お金の使い方を学ばなければなりません。そのために、まずしっかり考えることを学ぶ必要があります。いつだって手遅れということはありません。誰かマイク・タイソンにこの本を送ってください。彼にとっても、今からでも手遅れではありません。

5 急激な上げ相場（あるいは下げ相場）での投資

２０１５年１月現在、Ｓ＆Ｐ５００の水準は２０５９ポイントで、２００９年３月の６７７ポイントから大きく上昇しています。典型的な上げ相場です。新しい資金を投資する、投資を売却する、あるいは何もしない。どんな行動をとるにしても、このような上げ相場で投資に対するあなたの信条が試されます。

私の場合、こんな具合です。

・市場でよいタイミングを予測することはできない。ＣＮＢＣに登場する専門家や、自分が権威だと主張する人であっても無理です。
・市場は資産を増やす最も強力な場である。
・市場は上昇を続けるが、動きは荒く、途中の道は平坦ではない。

・市場の変動を予測することはできないので、しっかりした気持ちで乗り切らなくてはならない。
・投資するお金は、できるだけ早く、最大限の利益を稼ぐようにしたい。

投資経験が少ないと、これまでの市場の変動を見て、「相場が上がっていたときに売っていればなあ。安いときに買っておけばよかった」とつい考えてしまうでしょう。でも、それは望んでもできない相談です。私が自分のウェブサイト（https://jlcollinsnh.com）を立ち上げたとき、市場は大きな下げ相場を克服して上げ続けていました。私には次のような質問、意見が次々と届きました。

・今は投資するチャンスでしょうか。もうすぐ暴落するのではありませんか。
・今にも暴落しそうだと考えている人がとても多いようですが……。
・投資の世界に入ったタイミングが悪かったのではないでしょうか。市場が暴落する直前に投資したのではないかと心配しています。
・怖くて何カ月も何もしていません。そのために、結局、負けてしまうのではないかと思っています。

・スタートは幸先よくいきたい。いきなり悪くなるのは避けたいです。

・大きな損失を出さないためには、暴落が起きて、それが去るまで待つべきでしょうか。

・大儲けするためには、暴落までは静観すべきでしょうか。

・初めてなので、とても怖いです。

市場がいつか必ず迎える下げ相場の時期に入っていたとしても、質問や感じ方はほぼ同じです。

・市場が底を打つまで待って、それから投資すべきでしょうか。

どの質問でも、恐れと欲という最大の感情的要因が投資家を動かしています。

恐れを感じるのはよくわかります。お金をなくしたい人はいません。しかし、それを克服する方法をマスターするまで、恐れはあなたの資産形成に致命的な影響を与えます。そもそも投資できなくなります。そして、いったん投資をすると、市場が下がるたびにパニックになり、逃げ出したくなります。ところが、市場が上昇し続けている間でも、下げは繰り返し発生します。恐怖に支配されると、持ち続けるべきときにパニック売りをしてしまいます。市場は激しく変動するものです。暴落や下方修正はごく普通の出来事です。それは世界の終わりなどではなく、市場が上昇を続けることが終わるのでもありません。どれも想定されたプロセスを構成する部分なのです。

Ｐａｒｔ２で議論しますが、大きな市場暴落が次から次へと発生するのは避けられません。長い期間、投資をしていると、小幅な下落や反発は数え切れないくらい起こります。この現実と付き合う方法を身につけることは、長期的な投資で成功するために不可欠です。そして、長期的にうまくいったとき、投資で成功したといえるのです。短期的な投資は、投機と呼ぶしかありません。

もし暴落することがわかっていたら、投資せずに待つ理由などありません。今、投資しているのなら、すぐに売り、暴落を待って買い戻せばよいのです。しかし私たちは、いつ暴落し、それがいつ終わるのかを知ることができません。誰にも予測はできないのです。「信じられない。予測できるはずだ」と思いますか？　このサイト（https://qz.com/487013）で試してみてください。

「もうすぐ暴落すると多くの人が思っている」という言葉を聞いたことがあるでしょう。しかし、一方で、「ブームの始まりだ。S&Pがこんな低い水準になることは二度とない」と言う人もたくさんいるのです。信用できると思われている専門家が、市場の暴落を毎日のように予想しています。同様に信用できると思われている専門家が、もうすぐ市場はブームを迎えると言っているのです。正しいのは誰でしょうか。どちらも将来を予測していますが、誰も信頼に足る予測はできないのです。

それでは、なぜ誰もが予測しようとするのでしょうか。ブームや暴落は面白くて興奮するからです。予想を当ててウォール・ストリート・ジャーナルやテレビで人気者になりましょう。極端な予想をすれば、評判が上がります。ダウ平均が2万5000ドルになる、あるいは5000ドルになると予想しましょう。誰もが注目します。ケーブルテレビの番組や専門家たちはそうして大きなお金を稼ぎ出しているのです。

しかし、まじめな投資家には、こんなものは邪魔な雑音にすぎません。うっかり耳を傾けたら、あなたのお金を危険にさらすことになりますし、正気でいられなくなります。

過去の実績は役に立ちます。ただし、長い期間で見た場合に限ります。上のチャートを

1900〜2012年の間のダウ・ジョーンズ工業株価平均

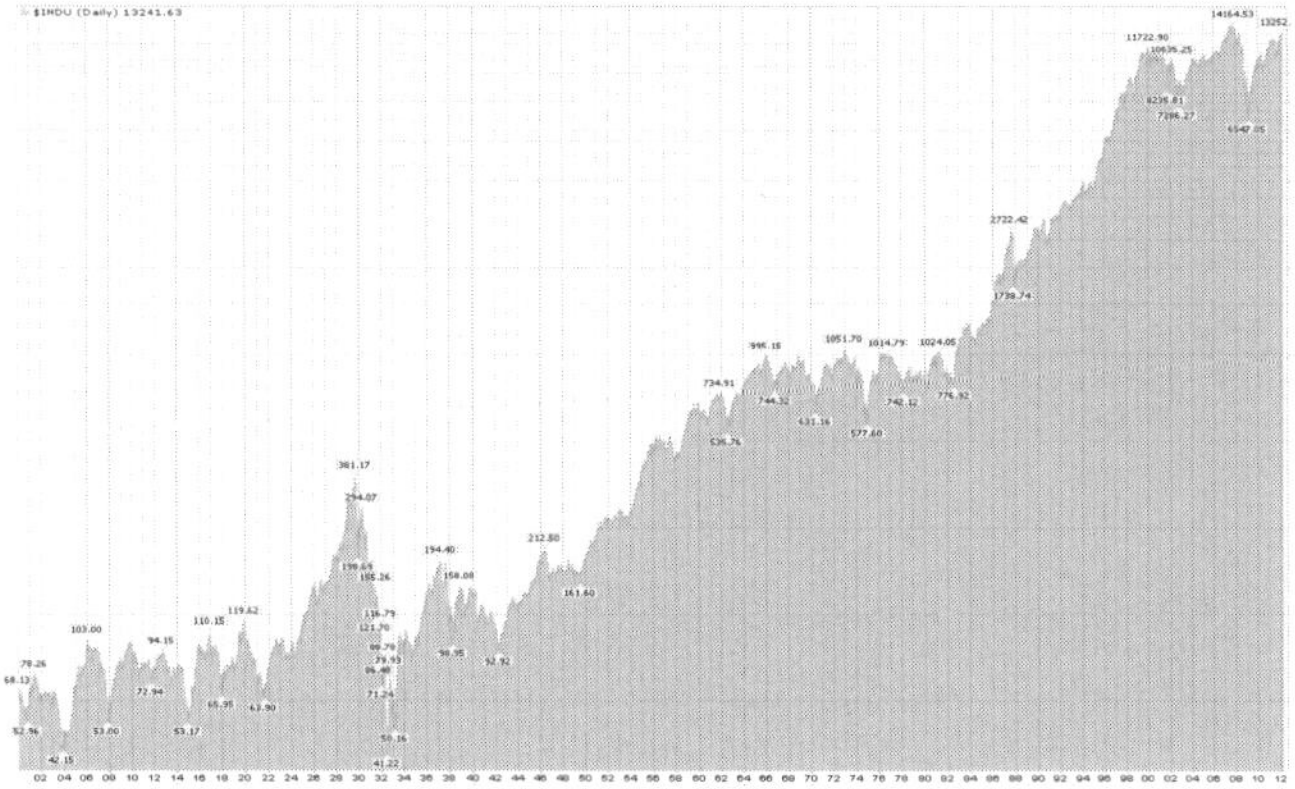

（資料）https://www.stockcharts.com

見てください。株式市場はずっと上がり続けています。それにははっきりした理由があります。私は、まず確実に、20年後の市場は今よりも高くなっていると断言できます。その10年後にはもっと高くなっていると、より大きな確信を持って言えます。これまでの120年間の実績がそれを支えています。

しかし、こう言うからといって、明日、明後日、あるいは1週間後や1カ月後、さらには2、3年後にどうなるかは、何もわかりません。問題はここです。はっきり言って、自分がどの段階にいるのかを知る方法はありません。

先ほどのチャートを別の角度から見てみましょう。市場がピークを打ち、その後、大きく価値を下げた2000年1月や2007年7月と同じような状況にあるでしょうか。過去のパターンをあとから振り返るのは簡単です。あるいは、状況は進んで、市場が1000ドル、2000ドル、5000ドルなどの節目を超えたところにあるでしょうか。その状況は二度と現れないものでしょうか。

確かなのは、これらの節目は、今のように誰もが「市場は高くなりすぎて、いつ暴落してもおかしくない」と思い込んでいるときには、顧みられることはありません。

とはいえ、仮にS&P500が2102ポイントでピークを迎えて暴落間近だとしましょう。不思議な精霊がそれを教えてくれたとしましょう。

そのときは、間違いなく、売ります。買うことはないですよね。その後は、どうしますか。市場から得られるだけ利益を得たいと思いますが、いつ買い戻すか。10%下がったところでしょうか。1892ポイントになった時点でしょうか。もし弱気市場と言える20%下げになった場合はどうでしょう。1682ポイントになるまで買い戻したくありませんね。

でも、もし暴落になってしまったらどうでしょう。1200ポイントになるまでずっと待つべきだったということになるでしょう。本当に教えてもらいたいときに、あの精霊はどこかに行ってしまいます。

市場のタイミングをうまく捉えるには、二度成功する必要があるのです。高いところを当て、次に低くなるところを当てなければなりません。これを繰り返す必要があります。世の中にいるのは、最初の売りタイミングを当てたものの、その後、市場が回復して、前のピークを超えてしまうのを黙って見ているという、かわいそうな投資家ばかりです。

市場のタイミングをつかもうとするのは、長期的に見ると、勝てないゲームです。確信を持ってそう言える簡単な事情があります。

もしそれをできる人がいたら、ウォーレン・バフェットよりも大金持ちになって、彼の倍くらいもてはやされているはずです。

能力があれば、利益を生み出せます。能力があるなら、市場は魅力的に思えるのです。市場を読むことができるという専門家が登場するのも同じ理由です。しかし、それは誰にもできません。正確に言えば、役に立つと言えるほど、コンスタントに正しい判断をすることは誰にもできません。サンタクロースがいると信じるほうがましです。ユニコーンを育てるほうがよほど現実的に思えます。

タイミングを当てられないと言われても、私は気になりません。では、次に、私があなただったら何を気にすべきかについて説明します。

あなたが30歳だとします。投資する期間は今後60〜70年あります。先ほどのチャートを見て、60年前のダウ平均が250ドル前後だったこと、そして2015年1月には1万7823ドルになっていることに注目します。その間に、経済の混乱や最悪の状況もありました。次の60年間にも、そのような状況は必ず起こります。

最近の20年間のS&P500を見れば、1995年1月に500ポイントくらいだったのが、2015年1月には2059ポイントになっています。その間には、大恐慌の次にひどい大暴落となった史上最悪の2000〜2009年の10年間が含まれています。

重要なポイントは、長い期間で考えると、株式市場が持つ「資産を増やす力」は驚異的だということです。

しかし、その過程にも、驚くべきポイントがあります。60年の間には、投資した資金が半額になってしまう経験をあなたは何度かするだろうということです。保証してもよいくらいです。半額にならなくても、苦難に直面することは数多くあるでしょう。とても楽しいとは言えない有り様ですが、それが株式市場です。市場の下落は、ゲームを楽しむために、参加者全員が払わなくてはならない対価なのです。

したがって、あなたが発すべき質問は、「株式に投資するのは今なのか」ではなく、「そもそも株式に投資すべきなのか」です。

ここまでに書いてきた厳しい現実を受け入れられなければ、また、自分の資産が半分になっても投資を継続できると100％確信できなければ、そして、あなたが求める利益に当然付いてくるリスクを受け止めることができなければ、その質問への答えは「ノー」になります。

結局、あなた自身が決断するしかありません。

そうは言っても、投資は、「すべてか、無か」というほど厳しくはありません。ある程度の利益が減ることを我慢すれば、危機から抜け出すことは可能です。Ｐａｒｔ２の14で考える資産配分を工夫するのです。

（注）ここでは、市場の実績として、ダウ平均とS&Pを使いました。S&Pの対象のほうが広く、より正確なので私の好みですが、ダウ平均は歴史が古く、長期間を見るときには使い勝手がよい面があります。ただ、長期にわたってこの2つを重ねてみると、動きがよく似ていて区別がつかないことがおわかりになると思います。

Part 2

資産形成の最強ツールをどうコントロールするか

「シンプルであることが、本当のエレガンスの基本」
（ココ・シャネル）

6

大暴落がやってくる——有名な経済学者でも助けられない

数年前、私は人気のある投資雑誌の記事を見て、怒りを覚えました。それは、一流大学でファイナンスを教える有名な経済学者のインタビューでした。大学教授らしいまじめで立派そうな写真が出ていました。

Ｐａｒｔ２を始めるにあたり、彼の発言の一部を引用し、どこがよくないかを指摘します。彼の発言は、あなたがこの本以外でよく目にする「ごく普通の知恵」です。それについて一緒に考えることで、今後検討していくテーマのいくつかに触れることにします。ところで、市場の暴落が来るという話もありましたが、気にする必要がないことをあとでお話しします。

さて、その著名な経済学者です。私は彼の考えの大部分について異論はありません。私が問題にしたいのは、あの雑誌の読者が彼の考えを誤解する可能性があることです。重点を置くところを間違えただけかもしれません。

そのインタビューで、教授は、長年支持されている効率的市場仮説を支持し、意味のあるすべての情報は、ほぼ瞬時に株価に反映されると説明した上で、それが彼の「適応的市場仮説」に進化したと言います。彼はテクノロジーの進歩によって、市場は従来よりも動きが速く、より不安定になっていると主張します。それは本当のことですし、ここまでは問題ありません。

しかし、彼は「かつてもてはやされたバイ・アンド・ホールドの投資手法は、もはや役に立たなくなった」と言うのです。対談相手は、２０００年代の「失われた10年」においても、バイ・アンド・ホールドで４％の投資利回りが得られたことを指摘しました。教授はこう反論します。「４％の利益をどのように得たのかを考えてください。30％の大きな下落を経験し、その後、何度も変動を潜り抜け、全体を通して見れば４％ということです。しかし、ほとんどの投資家はじっとしていられません。最初に大きな損失を被ったら、投資を縮小します。だから、その後の回復効果は一部しか得られません。人はそのように行動するものなのです」

しっかり考えてほしいところです。前提は正しいのに、間違った結論にたどりついています。これについては、またあとで考えます。

雑誌　では、ほかによい方法はあるのでしょうか。

教授　よい選択肢はまだ開発されていません。できることは、手数料が低めのファンドに投資して、価格変動をある程度の範囲に抑えることくらいでしょう。株式と債券だけでなく、投資のあらゆる分野に分散させるのです、株式、債券、通貨、商品、また国内だけでなく海外も含めて。

雑誌　政府がこのような危機を防ぐことはできますか。

教授　金融危機を防ぐことは不可能です。

この記事に対して、パトリックという読者がネットで教授の論理の欠陥を指摘しました。「市場は、そうならないときを除けば、効率的だと。バイ・アンド・ホールドが成功しないのは、多くの人が誤ったタイミングで保有を継続しなくなるから、ということですね。なるほど。でも、それは聞き古された話ではありませんか」

パトリック、お見事です。

さらにひどいのは、教授があらゆる分野の対象に投資をしろと言ったことです。彼の「適応的市場仮説」が教える新たな市場への対応がこれなのでしょうか。バイ・アンド・ホールドはもう使えないと言っておきながら、あらゆる投資資産を保有しろと言うのでしょうか。市場が以前より不安定になり、その傾向は今後も続くという彼の主張を正しいものだとしましょう。私はそうは思いませんが、彼は著名な経済学者ですので。また、投資家はパニックに陥り、誤った投資判断をするものだという傾向も受け入れることにしましょう。とくに最近は、専門家たちが続々とテレビに登場する時代ですから。金融危機を防げないことも同意できます。今後も、金融危機は何度でもやってくるでしょう。

問題は、最良の選択肢は何かということです。教授は（そして彼のような人は）こう言います。

「状況に対応して行動しなさい」

著名教授は、すっかり使い古された分散投資のデタラメに毒されています。私たちに、あらゆるものに投資させ、そのうちのいくつかが当たることを祈れと言うのです。この手法で成功するには、多くの作業が必要になります。さまざまな投資商品を理解し、それぞれをどのような比率で保有するかを決めなくてはなりません。そして保有したあと、今度はその後の状況を追いかけ、状況に応じて資産構成を調整することも必要になります。

こんな作業を一生懸命やっても、「利回りは低くなり、安全性が高くなったはずだ」と願うだけなのです。「安全を得るために自由を放棄する者は、そのどちらも得られない」という言葉を思い出します。

皆さんは、たくましくなって悪い癖を打ち破りましょう。

投資にとってマイナス要因になり、結果としてパニック売りのような間違った判断につながる心理に気づき、自分の行動を改めるのです。そうしていれば、投資自体ははるかにシンプルになり、よりよい結果を得られます。

市場について、いくつか理解していてほしいことがあります。

1　市場の暴落は想定の範囲内

２００８年に起きたことは、誰も想像できなかったことではありません。過去にあったし、今後も起きることです。私が投資してきた40年余りの間には、次のような出来事がありました。

・1974～1975年の大暴落
・1970年代後半から80年代初めの大幅インフレ（住宅ローンの金利は20％近く、10年国債の利息は15％以上になりました）
・1979年の『ビジネス・ウィーク』の表紙に出た「株式の死」という見出し（史上最大級の売り相場の到来を告げていたとあとでわかりました）
・1987年の大暴落（1日で史上最悪の下落を記録したブラックマンデーのとき）
・1990年代初めの景気後退
・9・11の同時多発テロ
・2008年の小競り合い

2　市場は必ず回復する

もし市場が回復しなくなったら、どんな投資も安全ではなくなり、投資の工夫など一切無意味になるでしょう。

1974年末のダウ平均は616ドルでした。2014年末時点では1万7823ドルでした。1975年1月～2015年1月の40年間に、配当の再投資を含めれば、年平均11・9％で成長しました。最初に1000ドルを投資して放置していたら、2015年には8万9790ドルになっていたはずです。前に書いた暴落などを織り込んだ上でのこの結果は、とてもすばらしいと思います。

やるべきことは、しっかり判断して、そのまま進めることです。上げ相場では、誰でも儲かります。暴落しているときに何をしたかが、最終的に富を得るか、野垂れ死にするかを分けるのです。

3　市場は常に上昇する

「市場は常に上昇する。いつもそうだ」と言う人は、これまでいなかったでしょう。しかし、真実なのです。スムーズにずっと上昇し続けるのではありません。アップダウンの多い石ころだらけの道です。しかし、いつも上昇します。毎日、毎週でも、毎月、毎年でもありません。Part1の5で使ったチャートをもう一度見ましょう。大惨事が次々と発生しても、市場の上昇傾向が変わることはありません。

4　市場は最良の場

市場は、長い期間の中で、ほかの何にも負けない、最も優れた成績を上げてきた投資の場です。

5　成功するのはひと握り

これからの10年、あるいは50年において、これまでと同様に数多くの暴落、不況、災害が起こるでしょう。あの教授が言ったとおり、それらを防ぐことは不可能です。その都度、あなたの投資資産は被害を受けるでしょう。毎回大きな恐怖を感じると思います。賢人たちが「売れ」と叫び、神経の図太いひと握りの投資家だけが踏みとどまり、成功するのです。

6　雑音を無視する

だからこそ、あなたはしっかり考え、雑音を無視して、嵐を乗り切る方法を学ばなくてはなりません。そして、投資資産を増やしていくのです。

7　パニックにならない胆力を持つ

踏みとどまる強さを手に入れるためには、悪い状況の到来を、頭だけでなく感情の上でも理解する必要があります。胆力を持って対応できるようになりましょう。暴落は起きます。あなたは傷つきます。しかし、冬の嵐と同じで、想定範囲内のことにすぎません。あなたがパニックにならない限り問題ありません。

8　暴落はチャンス

大暴落がもうすぐやってきます！　そのあとまた次の暴落がやってきます！　安く買うチャンスがどんどん現れるということです。

今24歳になった私の娘には、これから60～70年ほどの期間に、2008年級の大暴落が25年ごとに訪れるだろうと話しています。世界が終わると思えるほどの苦難が2、3回はあるということです。あなたにとっても同じことが言えます。もっと小さな下落は何度でもあるでしょう。

大切なのは、それは世界の終わりではないということです。プロセスの一部にすぎません。それに伴うパニックも同様です。心配することはありません。世界が終わることなどありえません。同じ期間の中では、大きな上げ相場も数回はあるでしょう。熱狂する人々もいるでしょう。そのときメディアは、世界の終わりを告げるのと同じくらい確信に満ちた様子で「今回はいつもと違う相場だ」と言うでしょう。それも間違った発言です。

ここからは、なぜ市場がいつも上昇するのか、そして、人生のそれぞれの局面でどう投資するべきかを考えます。それを読むと、とてもシンプルなので信じられないかもしれません。しかし、あなたは強くなって、相場の動きに流されないようにならなくてはいけませんよ。

7

市場はいつも上昇する

1987年、のちにブラックマンデーと呼ばれる日のこと。多忙な1日を終えた兄に私は電話をしました。まだ株式ブローカーがいた頃です。携帯電話もパソコンもなく、インターネットでオンライン取引などまだ夢だった時代です。

「兄さん、調子はどうだい?」と私は明るく聞きました。長い沈黙のあとで、「ふざけるなよ」と返事がありました。「どうしたの?」

兄は不快感を露《あら》わにして、言ってきました。

「なんの冗談だ? 史上最悪の大暴落を経験したところなんだぞ。顧客の叫び声を聞き続けた1日だった。もうパニックだ。市場は500ポイントも下げた。22%以上の下げ幅だ」

こうして、地球全体が愕然《がくぜん》としたことを知りました。どんな言葉で表現すればよいかわかりません。いわゆる大恐慌でも、これほどではなかったはずです。すべての人々にとって前代未聞でした。文字どおり、ファイナンスの世界の終わりのようでした。

約1週間後に、タイム誌の表紙に大きな活字が躍りました。

最悪の暴落

1週間、ウォールストリートに嵐が吹きまくり、世界は変わってしまった

もちろん、タイム誌は完全に間違っていました。どれだけ大きいものでも、暴落は通常のプロセスの一部です。経験ある投資家なら、市場が変動することを知っています。上げ相場が長く続いたかと思うと、急激な下げがあり、修正が入り、下げ相場もあります。一番賢いのは、信念を持ってパニックにならないことです。ブラックマンデーも、全体の枠組みの一部にすぎません。

私は3、4カ月ほど辛抱しました。株価はまだ低い水準をうろうろしていました。当たり前の状況だと考えていましたが、頭で理解しただけで、まだ度胸が十分に備わっていませんでした。結局、私は神経戦に負けて、株を売ってしまいました。

1900～2012年の間のダウ・ジョーンズ工業株価平均

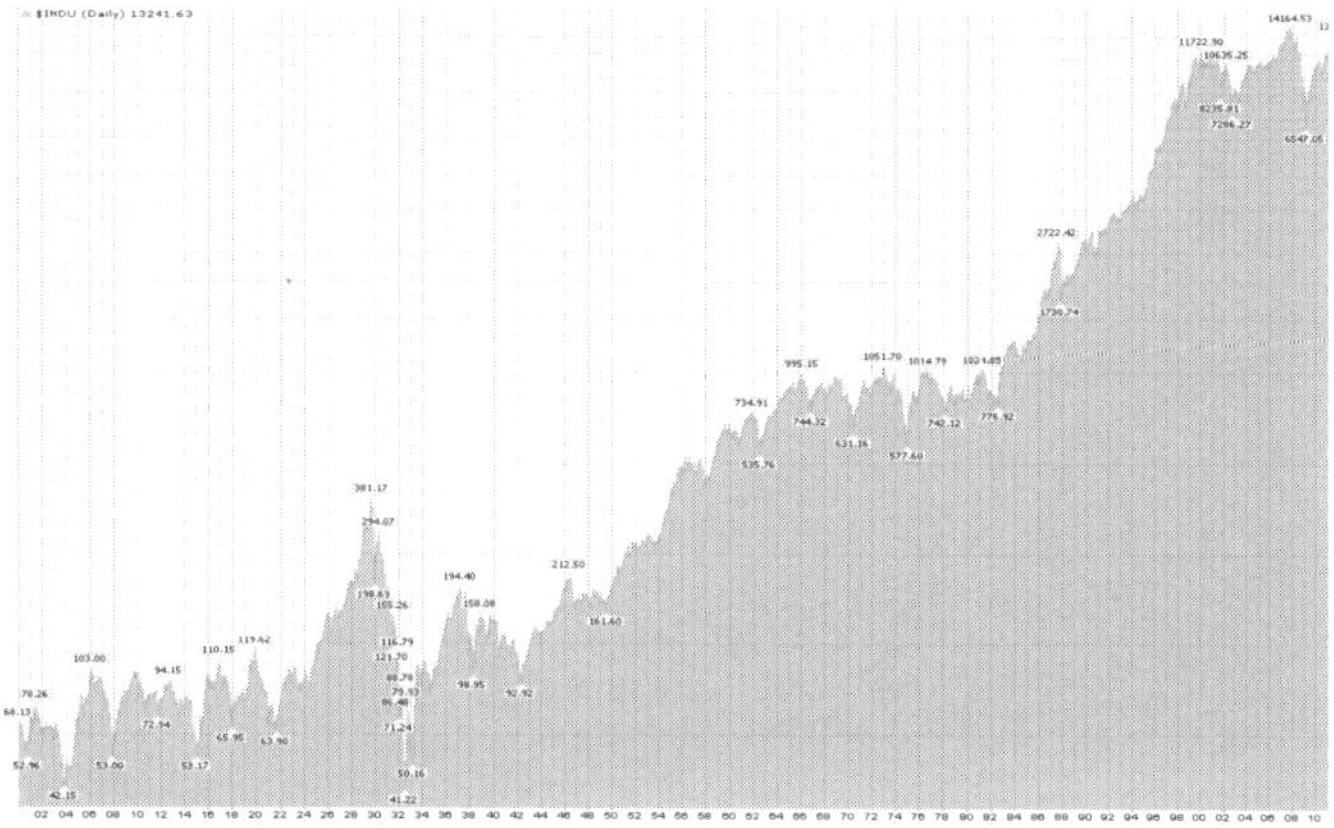

（資料）https://www.stockcharts.com

まだ鍛え方が足りません。私が売った日は、株価の底ではありませんが、それに近い水準でした。そして、いつもと同じように、市場は上昇を始めました。市場はいつも上昇するのです。

私の気分が落ち着き、市場に戻れるようになるまでには1年ほどの期間が必要でした。その頃、市場はすでにブラックマンデー以前の最高値を更新していました。

私はなんとか損失を確定させ、市場に戻ることができましたが、授業料は高くつきました。まったくあきれた話です。当時は、神経が参ってしまいました。タフさがまったく不足していました。

でも、今の私は１９８７年の失敗を経験

したことで、2008年クラスの台風が来ても、しのげるようになりました。タフになることを学んだ私は、かつて払った高い授業料をはるかに上回る利益を得ることになりました。

私のブログの読者が書いていましたが、「パニックという付け合わせを横において、メインの料理を食べてきた」のです。この言葉の意味は深いと思います。いくらメイン料理にこだわっても、そのとき付け合わせが必ず一緒に出てきます。だからこそ、タフにならなくてはいけないのです。前ページのグラフを見てください。

1987年の〝ちょっとした〟下落がどこかわかりますか。場所はすぐにわかるでしょうが、全体の中で見ると、そんなに怖くなるようなものではないことに気づくでしょう。このグラフを頭にしっかり焼きつけましょう。次のことに気づくと思います。

①災害は次々と襲ってきますが、市場はいつもそれを乗り越えて、さらに高く上昇していきます。
②しかし、道は平坦ではありません。
③ときどき、とても大きなひどい出来事があります。

最初によい話をしましょう。ほかのことは、あと回しです。

市場がいつも上昇している理由を理解するために、市場の実態を詳しく観察しましょう。市場で取引されている企業は、個人や企業が購入できる株式を発行しています。株式を保有するということは、その事業の一部を所有するということです。株式市場は、株式が公開された企業で構成されています。

先ほどのグラフは、ダウ・ジョーンズ工業株価平均（ＤＪＩＡ）というグループの株式を表しています。私たちがＤＪＩＡを使うのは、それが古くからの株式市場全体を表す唯一の存在だからです。はるか昔、１８９６年に、チャールズ・ダウという人がアメリカの産業を代表する12社を選び出して、株価動向を示す指標をつくりました。現在、ＤＪＩＡはアメリカを代表する大企業30社で構成されています。

長期的な見方をするときに便利なＤＪＩＡとは別の指標も紹介しましょう。市場全体を代表するＣＲＳＰ ＵＳトータル・マーケット・インデックスです。これは、より網羅的で役に立つ指標です。

難しい言葉が出たと身構えないでください。この指標が、事実上、アメリカの公開企業のインデックスになっていることを理解できれば十分です。さらに重要なのは、バンガードが株式市場を代表するインデックスファンド（ＶＴＳＡＸ）をつくるときに、ＣＲＳＰＵＳトータル・マーケット・インデックスを使ったことです。そもそもの成り立ちから、この２つは同じものといえます。私たちはＶＴＳＡＸに投資できるので、ＶＴＳＡＸを株式市場の代表として扱うことにします。

最近チェックしたときには、ＶＴＳＡＸは３７００社の株式を保有していました。企業数はときどき変化しますが、ＶＴＳＡＸに投資することは、これらすべての企業の一部を保有するということです。

１９７６年にバンガードの創設者ジャック・ボーグルが世界初のインデックスファンドを始めました。そのファンドはＳ＆Ｐ５００インデックスを追いかけていました。つまり、投資家はアメリカの大企業５００社の一部を低コストで所有できるのです。市場が上昇を続けているというメリットを取るには最高のツールです。

１９９２年にバンガードは株式市場全体をフォローするファンド（トータル・ストック・マーケット・インデックスファンド）を創設しました。投資家は１つのファンドに投資するだけで、大企業５００社だけでなく、文字どおりアメリカの株式市場全体を所有できるのです。

ここで、わかりにくいポイントについて一言。バンガードの株式市場全体についてのインデックスファンドは1つではありません。VTSAX、VTSMX、VTI、そのほかにもたくさんあります。なぜ複数のファンドが存在するのか、それらはどう違うのかは、あとで説明します。

ここで理解してほしいのは、どれもCRSPインデックスを使った、まったく同じポートフォリオを構築していることです。本質的にすべて同じものです。VTSAXは「アドミラル・シェア」と呼ばれます。私はこれに投資していますので、ここではこれを使って説明します。

さて、株式市場とはなんなのか、そして市場は上昇を続けることを見てきました。なぜそうなのかを考えてみましょう。理由は2つあります。

1　市場には自浄機能がある

DJIAの30銘柄を見ましょう。当初の12社のうち、現在、何社が残っているかわかりますか。ゼネラル・エレクトリック社だけです。現在の30社の多くは、ダウ氏が最初のリ

正規分布のグラフ

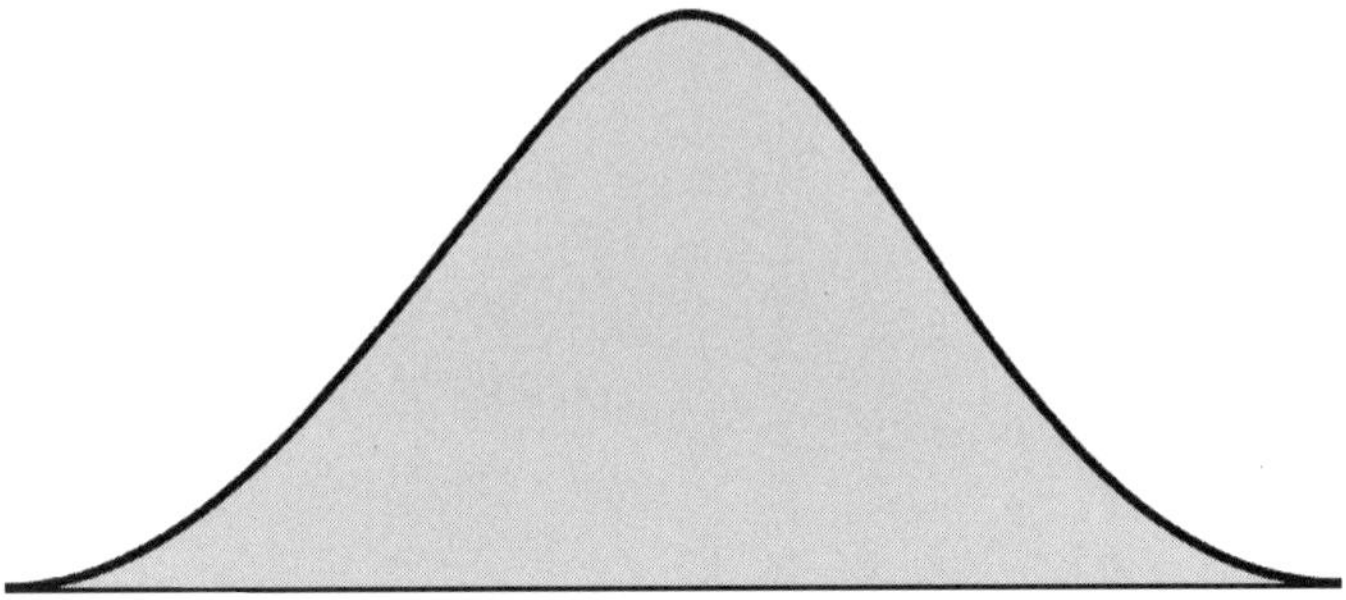

ストをつくったときにはまだ存在していませんでした。当初のリストにあった企業はなくなったり、ほかの企業に姿を変えたりしています。重要なポイントです。市場はじっと止まっていないのです。企業は消えていき、新しいものと入れ替わります。

ＶＴＳＡＸも同じです。公開企業のほとんどすべてを保有しているのですから。その３７００社を株価のパフォーマンスに従って正規分布のグラフにしてみます。左の端はパフォーマンスの悪い少数の銘柄です。右の端はベストなもの。それ以外はその間のどこかに納まっています。

最悪のパフォーマンスとは、どういうことでしょうか。価値の１００％を失って価値がゼロになることだと考えられます。そうなると、市場から消え去り、二度とその名前を聞くことはありません。

右側のほうはどうでしょう。１００％のリターンでしょうか。それは可能ですが、２００％、３００％、１０００％、１万％と、もっと上も可能です。上限はありません。したがって、大きく上向いていくでしょう。

ＶＴＳＡＸの３７００銘柄を同じように見てみると、スター企業が消えていく一方で、新しい企業が生まれ、成長し株式が公開されます。このプロセスで滅びたものをはずし、新しい企業と入れ替えていくことで、市場や、市場を代表するＶＴＳＡＸも自浄されていくのです。

ただし、これが機能するには、幅広い銘柄を保有しているインデックスファンドであることが必要です。アクティブなファンドマネジャーたちがこれに勝とうとしますが、すべて失敗しています。多くの場合、何かやると、悪いほうに向かい、手数料だけが上昇します。それについても、あとで考えます。

2　株式を所有することは、成功に向けて頑張る企業の一部を所有すること

株式市場がずっと上昇することを理解するには、ＶＴＳＡＸに投資することの意味を理

解することが必要です。それは文字どおり、アメリカの市場で株式が公開されているすべての企業について、その一部を所有しているということです。

株式は、株券という1枚の紙ではありません。株式を持っているということは、事業の一部を持っているということです。会社には、消費者に奉仕し、事業を拡大しようと日々努力する従業員がたくさんいます。成果を残した者を評価し、できなかった者を切り捨てる厳しい環境の中で競い合っています。この緊迫したダイナミックスによって企業は強くなり、その価値を表す株式は、歴史上かつてないほど強力な投資のツールになっているのです。

このように、いつも上昇する、すばらしい資産形成のツールを私たちは獲得したのですが、その一方で、それによって多くの人が資産を失うことにもなっています。そこはワイルドで不安定な道のりです。とんでもない出来事も発生します。

次に進んでいきましょう。

8 なぜ市場でお金を失う人が多いのか

ここまで、株式市場はバラ色で、資産を増やす大きな可能性があることを説明してきました。これはすべて本当です。しかし、次のことも同時に本当なのです。

市場では、金を失う人が多いということ。

その事情を説明しましょう。

1 市場でうまいタイミングを捉えられると思っている

株価が高いときに売って、安くなったところで買うのは、とても魅力的に思えますが、ほぼ不可能です。高いときに買い、安くなってから売ることになるのが現実です。市場がどんどん上昇しているときには買い、状況が厳しいときにはパニック売りをしてしまいます。

これは誰にでも当てはまります。人間は生まれつきそうなってしまうのです。過去20年余りにわたって、投資家の心理を分析した論文が数多く出されました。結果は芳しくありません。人間は変動する市場でうまくやることに心理的に適していないようです。研究の詳細はここでは扱いませんが、大切なのは、強い意志と、現実を理解し受け入れ、破滅的な行動を変えることが必要になるということです。

はっとさせられる事実があります。ファンドでアクティブに運用を行うファンドマネジャーのほとんどは、自動的に運用されるファンドよりも悪い成績しか残せていません。この貴重な情報をしっかり頭に焼き付けておきましょう。

なぜそうなるのでしょうか。人間の心理状態は弱くて、どうしても「市場のタイミング」を捉えようと考えてしまいます。その結果、私たちは悪いタイミングで市場に参入し、出て行くことになりがちです。

2　優れた個別株式の銘柄を見分けられると信じている

私たちは、儲かる株式を選び出すことはできません。不快に思わないでください。私にもできません。ビジネスで投資を行っているプロのほとんども、できません。この能力を持つ人がとても少ないため、それができる人はとても有名になります。

たまにできたときには、とても興奮します。そのときの気分は忘れられません。株価が急上昇する株式を選び出すことは強烈な印象を残すので、それが病み付きになってきます。マスコミを見れば、勝てる戦略だらけで、自分でもできるという妄想が膨らみます。

私自身もその誘惑に勝てないことがあります。２０１１年に、私はあるトレンドを見つけたと思いました。そのときに選んだ5銘柄が、たまたま4カ月で19％の利益を上げました（今でもそのときの興奮を忘れてはいません）。その年の市場全体はほぼ横ばいでしたが、私の利益は年ベースにすれば60％近くになりました。これはすごいことです。しかし、これを毎年繰り返すことは不可能です。短期的な成功にはなりますが、資産を増やしていく基盤になるようなものではありません。

インデックスを少しでも上回る成績を毎年続けることも、とてつもなく難しいことです。

長い期間にわたってそれができる人はほんの一握りのスーパースターです。こうして、ウォーレン・バフェット、マイケル・プライス、ピーター・リンチなどの名前が多くの人に知られるようになるわけです。

そんな事情から、ときどき勝つことはあっても、それを当てにせず、私はポートフォリオの大部分をインデックスファンドに任せているのです。

3　勝てるファンドマネジャーを選べると信じている

インデックスファンドと異なり、プロのファンドマネジャーがアクティブに運用するファンドは規模が大きく、利益率の高いビジネスです。ただし、運営会社にとって利益率が高いということで、投資家にとってはそれほどではありません。

とても儲かるビジネスであることは、株式銘柄の数よりもファンド数のほうが多いことでわかります。2013年のUSニューズ・アンド・ワールド・レポートの記事によれば、株式関連のファンドは4600件あるのに対して、アメリカで公開されている株式は3700銘柄でした。この記事は、毎年、全ファンドの約7％が閉鎖していると伝えています。10年間で試算すると、4600件のうち2374件のファンドを畳んでいることになります。

多くの資金が流入するので、投資会社は不調なファンドを始末し、新しいファンドを次々とつくります。ファイナンス関係のメディアも、勝ち組のファンドやファンドマネジャーの特集でいっぱいです。そして、そのような雑誌には、投資会社の派手な広告が満載です。過去の実績が分析され、マネジャーたちがインタビューに答えています。モーニングスターのような会社が生まれ、ファンドを調査してランク付けを行います。

実は、長期間で見ると、インデックスを上回る実績を上げたファンドマネジャーはごくわずかです。2013年にバンガードは、これについての調査結果を発表しました。1998年に株式でアクティブ運用を行っていた1540のファンドすべてを調査した結果、15年後に生き残っていたのはこのうちの55％です。その中でインデックスを上回った実績を残せたファンドはわずか18％でした。82％のファンドはインデックスに負けたのです。しかし、すべてのファンドが顧客から高い手数料を取っていました。

現在、成功しているファンドの中で、どれが10年後に実績を残す18％になれるかは、誰も予測できません。ファンドの説明書に書かれている「過去の実績は将来の成績を保証するものではありません」という言葉は、みんなから無視されていますが、実は、最も正しい言葉なのです。

さらに長期で見れば、きちんとした実績を残せるファンドの比率は18％よりも厳しいという学術研究もあります。２０１０年２月のジャーナル・オブ・ファイナンス誌で、ローラン・バラス、オリビエ・スカイエ、ラス・ワーマーズという3人の大学教授が、１９７６年から２００６年までの30年間のアクティブ運用を行うファンド２０７６件の研究結果を発表しました。彼らの結論は、インデックスを上回る実績を示したのはわずか０・６％で、統計学的にはゼロと有意差が認められないというものでした。

この研究だけではありません。カリフォルニア大学デービス校のブラッド・バーバーと同大学バークレー校のテレンス・オディーンは、アクティブ運用を行うファンドのわずか1％だけが市場平均を上回っていて、取引数を増やせば増やすほど、成績は悪くなるという結果を示しています。

これらの結果を見ると、多くのファンドが市場を上回る実績を上げていると広告で宣伝するのはいかがなものかと思われるでしょう。あれだけ多くの資金を扱っていると、いろいろなトリックが使えるのです。たまたま、よい成績を上げられた期間を都合よく切り出したり、まったくダメなファンドと比較したりします。

ファンドを運営する会社は、常に新しいファンドをつくり出しています。中には、ある程度の期間について、うまくいくものも出てきます。うまくいかなかったファンドは静かに退場し、成功しているファンドに資金が移管されます。ダメなファンドは消えているので、うちのファンドはスターばかりだと運営会社は言うわけです。まったく感心してしまうやり方です。アクティブ運用を行うファンドをめぐっては、多くの利益が生まれていま す。ただし、投資家以外のところで。

4 「泡」に集中してしまう

今、快適な夏の午後に、この本を読んでいるとしましょう。好きなビールを開けて、冷やしたグラスに注ぎます。うまくいけば適度の泡とビールがグラスを満たします。慌ててグラスの底をめがけてビールを注ぐと、泡ばかりになりますね。

あなたが見ていない場所で中身が見えないジョッキに、誰かが注いでくれたビールだと、どれくらい泡になっているかはわかりません。これが株式市場です。このビールには、株式市場にも関連する２つの要素があります。

・ビール部分は、私たちが保有することができる、実際に行われている事業。

・泡の部分は、時々刻々、価格が変動する株式という紙の価格。ＣＮＢＣや毎年の株価レポートの世界です。ウォールストリートをラスベガスになぞらえて語られます。日々の変動にさらされ、投資家が窓際に追い詰められる市場です。これは、本気で資産を増やそうとする賢明な人々が無視するところです。

特定の銘柄の株価を毎日見ていると、泡の部分がどれだけあるかは非常にわかりにくいでしょう。そのため、企業の価値が急落したと思ったら、その翌日には急上昇するということが起こるのです。ＣＮＢＣが毎日、立派な資格を持つ専門家を招き、市場はどこに向かっているのかを自信たっぷりに予測してもらいながら、その予測はいつも矛盾したものになるのもそのためです。これが、どこまでがビールで、どこまでが泡なのかをトレーダーたちが競って推測している実態なのです。

面白いテレビドラマにはなるでしょうが、投資している私たちにとって重要なのは、ビール部分だけです。それがビジネスを継続させていく本当のお金になります。そして、それは泡の下で、長期間において市場を上昇させていく力になるのです。

テレビなどのメディアが解説者に求めているのはドラマだということも覚えておきましょう。まともな人間が長期的な投資について語るのでは、誰もテレビにかじりついてくれません。「ダウ平均が年末には必ず2万ドルになる」とか「どん底に落ちるすれすれのところにある」といった劇的なものが必要なのです。

しかし、それらはすべて泡であり、雑音にすぎません。私たちには関係のないことです。それよりも、ビール部分を見つけましょう。

9

とんでもない出来事

株式市場は、常に上昇する、すばらしい資産形成の場です。株式市場全体をフォローするバンガードのインデックスファンド（VTSAX）は、これさえ押さえておけば大丈夫という存在です。

しかし一方で、株式市場は大きく変動し、ある程度の期間の中で必ず暴落します。そして、心理的に持ち堪えられないほとんどの人々の資金を奪うものでもあります。とはいえ、しっかりした気持ちで混乱を乗り切り、投資判断で謙虚さを持てば、株式市場ほど確実にお金持ちになれる場所はありません。

さて、1929年にはとんでもない出来事がありました。株式市場の大暴落と大恐慌の始まりです。2年間にわたって株式市場は391ドルから41ドルへと、価値の9割を失ってしまいました。不幸にも、暴落前のピーク時に投資していたら、あなたのポートフォリオは26年後の1950年代半ばまで完全に回復することはできなかったはずです。投資家にとって、これ以上に厳しい試練はないでしょう。

もし、あなたが当時、ごく普通に行われていた信用取引、つまりお金を借りて取引をしていたら、スッカラカンになっていたでしょう。実際、一攫千金を狙った多くの人々がそうなりました。富は一夜にして失われました。信用取引は絶対にやってはいけません。

それでは、何をすればよいのでしょうか。「しっかりした気持ちで混乱を乗り切ること」さえ吹き飛ばしてしまうような、とんでもない出来事はまた起こるのでしょうか。

答えは、あなたがどこまでリスクに耐えられるか、どれだけ強い気持ちで資産を増やしたいと思っているかにかかっています。リスクを小さくする方法はあります。あとで検討しましょう。

とんでもない出来事について、ここでポイントをまとめておきます。

①暴落の被害をフルに受けてしまうのは、例外的に運が悪い場合と考えられます。

1929年の市場全体と同じポートフォリオを持たなければ、そうはなりません。

たとえば、1926~1927年に投資していたと仮定すると、この時点ではピークの半分までしか上昇していません。大部分の人々はこの頃に投資しています。結局、すべての利益は失ってしまいますが、そのまま持ち続けていれば、10年後にはまた利益が出る状況になります。もちろん、その間にも、大変なことはありますが。

最初のピークが訪れた１９２０年に投資をしていたら、その直後に最初の暴落を経験したあと、５年後には回復しています。１９２９年の大暴落から見ても、７年後の１９３６年にはトントンに戻っています。

どこをスタートにするかで結果は異なりますが、よく言われるピークから底まで落ちても、90％を失うことほど厳しくはないのです。

②もしあなたが１９２９年に学校を卒業して社会人になったとしましょう。幸い、あなたは仕事を失わなかった75％の１人になれたとすると、非常に安い価格で株を買う十分な時間があったはずです。投資を始めたときに、大暴落があったことは大変ラッキーです。実際のところ、どの時点でも、株価の下落は富を積み上げる上で大きなチャンスになります。その気になれば、同じ資金で安くなった株式を大量に買えます。

③もしあなたが１９２９年に１００万ドルを持っていて引退したとしましょう。１９３２年には、あなたのポートフォリオは90％減少して10万ドルになってしまいました。確かにひどい打撃です。しかし、恐慌はデフレを招きます。つまり、物やサービスの価格は、株価の下落と同様に大きく下がります。つまり、あなたの資産は１００万ドルから10万ドルに減少しましたが、同じ1ドルで買える価値は恐慌の前よりずっと大きくなっているのです。しかも、下がったところから比較的急速に回復していきます。

④とんでもない出来事は過去１１５年の間に一度だけ起きました。もっと長い期間をとってもよいのですが、ＤＪＩＡがさかのぼれるのはそこまでです。大恐慌以来86年間、次の大恐慌は発生していません。１９２９年以後、市場は管理されるようになったので、大恐慌の再来は考えにくくなっています。確実にそうだとは言えませんが、発生する可能性はとても小さくなっているに違いありません。

⑤２００８年には、転落の淵まで行きました。皆さんが考えるよりも際どかったと考えています。しかし、一線は越えませんでした。とても勇気づけられる結果だったと思います。

資産を破壊してしまうほどの経済的な大惨事として考えられる2つのタイプがあります。1929年のデフレを伴う恐慌は、そのうちの1つだという点に注意する必要があります。もう1つには、ハイパーインフレがあります。

アメリカでは、ハイパーインフレのような大惨事は1776年のアメリカ独立宣言以降、一度も経験したことがありません。しかし、最近だと、2008年にジンバブエの経済を破壊しました。1946年7月にはハンガリーが史上最悪の経験をしました。このときの最大インフレ率は4京1900兆%でした。1920年代のドイツにおけるハイパーインフレはナチスの権力掌握を後押ししました。

ハイパーインフレは最悪です。デフレと同じように破壊的で、しかも、コントロールできないものです。

わずかなインフレは経済にとって、とても健全な状況です。物価と賃金を拡大します。経済活動はスムーズに回っていきます。デフレで経済が停滞することを防いでくれます。

デフレの下では、買い控えが有利です。2009〜2012年の間に新築の家を買おうと考えていたら、あなたは価格がどんどん下がり、住宅ローンの金利も同時に下がっていくのを目にしたはずです。先延ばしすれば、どちらも下がる可能性があるのなら、待とうと思うでしょう。家を買おうと思っている人の多くが同じように考えると、需要が落ち込み、その傾向がさらに強くなります。様子を見るのが正しい行動で、アクションを起こすと損をします。これが進んでいくと、市場は暴落に向けて負のスパイラルに陥ります。

一方、インフレの下では、先に延ばすと、価格は上がります。家でもパンでも、すぐに買っておき、価格の上昇に対抗したいと考えます。買い控えは損をします。買い手はもっと買おうとしますが、売り手はすぐに売りたくない。この状況が進むと、価格上昇のスパイラルに入ります。

政府は緩やかなインフレを望んでいます。税を上げたり、政府の投資を控えたりして、インフレを調節します。これらは「隠れた税金」と呼ばれることがあり、通貨の購買力を削る効果があります。インフレにおいては、債務者の返済負担が軽くなる効果がありますが、その最大の受益者は政府自体です。

VTSAXで資産形成をする戦略のありがたいところは、株式がインフレをかなりうまくヘッジしてくれることです。株式を所有するのは、実はビジネスを保有することです。インフレによって、企業の資産価値は上昇し、通貨の価値の減少を補ってくれます。とくに、緩やかなインフレでは、この状況がよく当てはまります。

投資家として、あなたが考えなくてはならないのは、資産形成のためにどれだけのリスクを取るかという決断です。過去100年以上の実績を振り返って、とんでもない出来事を重く考えるのか、歴史的に見て上昇する傾向に投資するのか、という選択です。

とんでもない出来事はめったに起きないとか、被害は軽いと考えるのではありません。頻繁に発生することではありませんが、控えめに消費してできた余裕資金を投資し、借金をしないというライフスタイルを貫けば、それは乗り越えられるものです。

次からは、資産を築き、富を守るための具体的な投資商品について考えましょう。前にお約束したとおり、とてもシンプルだと驚かれるでしょう。

10 あくまでもシンプルにいく――考え方と商品

シンプルにいきましょう。簡単なだけでなく、そのほうが大きな利益を生みます。これが本書のメッセージです。

ここからは、シンプルにいくことについて考えていきましょう。プロ、アマを問わず、8割のアクティブ運用者よりも、よい投資成果を上げるのに必要なことを学びます。時間をほとんど取られることもないので、ほかのいろいろなことに取り組めて、あなたの人生を豊かにするでしょう。

どうすれば、そんなことが可能になるのでしょうか？　複雑な投資をしなくてよいのでしょうか？　プロのアドバイスが不可欠なのではないでしょうか？

こうした質問に対する答えは、すべてノーです。大昔から人々は投資に励んできましたが、多くの場合は、他人に売る形をとってきました。そのため、売る商品を複雑で神秘的にしておく意味があったのです。

しかし、シンプルな真実は、こうです。投資が複雑になるほど、利益を上げにくくなります。インデックスファンドがアクティブ運用のファンドの大部分よりよい成績を上げられるのは、アクティブ運用にはお金のかかるマネジャーが必要だからです。彼らは、投資で間違いを犯しがちです。さらに、運用手数料がポートフォリオの成績の足を引っ張ることになります。

運営している会社にとって、ファンドは大きな利益を生みます。したがって、会社はどんどん売ろうとします。当然のことですが、彼らの利益や販売促進の費用は、投資家たちが支払う高い手数料から得たものです。

複雑な投資は、成功に必要なものではありませんし、成功を妨げる要因になります。うまくいった場合でも、多くの費用がかかります。うまくいかない場合には、ほとんど詐欺師の集団に騙されたと言ってもよいほどの有り様です。あなたが時間を割く意味など、まったくありません。もっとうまくやる方法があります。

あなたに必要なのは、３つの考え方と３つの商品だけです。

3つの考え方

投資にあたって、あなたは次のようなことを考えるでしょう。

①今の自分は、投資のどの段階にいるのか。資産を積み上げる時期なのか、資産を維持保全する時期なのか、それともその2つのミックスなのか。

②どこまでのリスクを受け入れられるか。

③投資スパンは長期か、短期か。

すでにお気づきのとおり、この3つのポイントは密接に関連しています。リスクのレベルは投資スパンによって変わります。そして、これら2つは投資の時期や段階によって、ある程度決まってきます。また、3つすべてが、現在の雇用状況や将来の計画につながっています。

あなた自身だけが決断できることですが、いくつかアドバイスを差し上げましょう。

・安全は幻想

リスクのない投資はありません。投資を始めたら、リスクは生活の一部になります。回避することはできず、せいぜいできるのは、どんなリスクかを選べる程度です。違うことを言う人は無視しましょう。

裏庭にお金を埋めたとしましょう。20年後に掘り出しても、同じ金額の現金です。少しでもインフレがあると、そのお金で買える価値は大きく減少しているでしょう。一方、株式に投資していたら、インフレを克服して、資産を積み上げていることでしょう。ただし、そのためには、大きくうねる荒波を乗り越えなくてはなりません。

・投資の段階は年齢と無関係

資産を積み上げる時期は、あなたが働いている期間に当たります。働いてお金を貯めて投資する。資産を維持する時期は、収入がスローダウンしたり、得られなくなったりする時期になります。投資した資金は、そのまま投資し続けるか、あなたの収入として回収されます。

早期に引退したいとお考えかもしれません。仕事に悩みがありますか。長期有給休暇を取ろうとお考えかもしれません。夢を実現するために、安い給料の仕事に就くところかもしれません。あるいは、新しい事業を立ち上げようとしていたり、数年、仕事を辞めて、その後、職場に復帰することを検討しているところだったりするかもしれません。生きていく中で、人生のステージは何度も変化します。投資の段階も、それにつれてどんどん変化します。

・「会社に縛られないお金」が重要

まだ「会社に縛られないお金」が貯まっていないのなら、今すぐに貯め始めましょう。いつ始めても遅くはありません。粘り強く取り組みましょう。この先の人生で何が起きるかはわかりません。今気に入って取り組んでいる仕事が、明日にはなくなるかもしれません。経済的に自立していることは、お金で買えるどんなものよりも重要だということを思い出しましょう。今のこの世界で、お金以上に大切な武器はありません。

・短期的な考え方にすぐに飛びつかない

私たちは基本的に長期投資家ですし、そうあるべきです。

投資アドバイザーのよくある「経験則」によれば、「100（あるいは、より積極的にいくなら120）から、あなたの年齢を差し引いた数字に%をつけます。資産の中で、株式の割合がその%になるように投資しなさい」ということになります。もしあなたが60歳だったら、ポートフォリオの40%（積極的な場合は60%）を株式に投資し、残りの60%（あるいは40%）を比較的確実な債券に投資すべきだということになります。まったくバカバカしい話です。

問題なのは、わずかなインフレでも、長期間のうちに債券の価値を減少させることです。債券には、株式が持つ成長の可能性に代わる強みがありません。もし、あなたが20歳だったら、これから投資する期間は80年ほどあります。人間の寿命が延びれば、ほとんど100年間にわたって投資できるかもしれません。今60歳だとしても、健康状態がよければ、まだ30年くらいは投資できます。私が考えている「長期」とは、これくらいの期間のことです。

あなたより若い配偶者や子供、孫たちにお金を残そうとお考えかもしれません。どこかに寄付しようと思っているかもしれません。これらすべてが、あなたが「長期」の中で考える項目になります。

3つの道具

３つの考え方をはっきりさせたら、あなたのポートフォリオをつくる準備は整いました。ポートフォリオを構築するのに必要な道具はたった3つです。とてもシンプルだとお約束したとおりでしょう。

①株式としては、**VTSAX（バンガード・トータル・ストック・マーケット・インデックスファンド）**に投資します。

株式は長期間にわたって最も利回りが高く、インフレヘッジにもなり、資産を増やしてくれます（Part2の17では、このファンドの派生商品を説明します）。

②債券としては、**VBTLX（バンガード・トータル・ボンド・マーケット・インデックスファンド）**に投資をします。

債券は、株式の激しい変動をならすための収入をもたらし、デフレヘッジになります。

③そして、**現金**です。現金は、定期的に発生する費用をまかない、緊急時の対応にも役立ちます。デフレのときは、現金が強みを発揮します。デフレでモノの価格が下がれば、同じ金額の現金でより多く買うことができます。しかし、インフレになると、現金の価値は損なわれます。最近のような低金利では、現金を預けても、利益を得ることは難しくなります。必要な出費をし、安心していられる範囲の現金だけを持ち、手元に置くのはできるだけ少なくしておきましょう。

以前、金利水準が高かったときは、ＶＭＭＸ（バンガード・プライム・マネー・マーケット・ファンド）を利用して、銀行の普通預金よりも高い利回りを得られましたが、現在のような歴史的低金利の時代には、マネー・マーケット・ファンド（ＭＭＦ）の利回りもゼロに近くなります。銀行預金の利率のほうがマシですし、預金には預金保険が付いています。

このような事情から、私は現在、地元の銀行などに預金を置いています。金利水準が上昇して、マネー・マーケット・ファンドの利回りが上がってくれれば、置く場所を変えるでしょう。

さて、以上ですべてです。道具は3つだけ。資産を増やし、インフレに備える部分、デフレに備える部分、そして日常的な支出と緊急時への備え。費用がかからず、効果的で分散もでき、しかもシンプルです。

あなたの個人的な好みに応じて修正も可能です。変動を小さくしたいですか。長期的な利回りは低くなり、資産の増え方が緩やかになってもかまいませんか。それなら、VBTLXと現金の比率を上げましょう。資産を最速で増やしたいなら、VTSAXの比率を上げましょう。

次からは、インデックスファンドと債券の話をします。その後、具体的な戦略やポートフォリオをいくつか分析し、あなたのニーズと好みに合った資産配分の選び方を考えていきます。

11

インデックスファンドはやる気のない人のためのもの？

インデックスファンドは、やる気のない人のためのものと思われがちですが、そんなことはありません。インデックス投資こそ、最高の結果を求める人のためのものです。

過去数年間に、私の投資の考え方に対して、いくつかのコメントがありました。私は光栄なことと感じましたが、同時に、次の点にも気づきました。私のことを褒める人たちでも、バンガードとインデックスファンドを中心に置く私の考えは、よいアドバイスではあるものの、投資に真剣に取り組む気のない一般の人のためのものだと決めつけているということに。つまり、その人たちは、個別の株式やアクティブファンドの選択にもう少し汗をかき、頭を使って頑張れば、もっとよい結果を手に入れられると考えているのです。

なんとバカバカしいことか！

Ｐａｒｔ２の７で、ジャック・ボーグルを紹介しました。私の投資に対して、彼ほどの恩人はいません。バンガードをつくり、インデックスファンドを生み出すユニークな仕組みを構築しました。彼は金融界の巨人であり、投資の神、そして私にとってのヒーローです。80歳代になったジャックは、市場に勝つことについて、こう語っています。

「このビジネスを61年間やってきましたが、市場に勝つことはできません。勝った人に会ったこともありませんし、勝った人に会ったという人にも会ったことがありません」

私も会ったことがありません。この現実は、ボーグルが大学の卒論を書くときに認識し、その後の仕事の中で確認したことです。プロの運用者に手数料を払うことを考慮すると、マーケットインデックスのすべての銘柄を買っておけば、常に、確実にプロに勝てるのです。

インデックス投資の基本的な考え方は、「個別の銘柄選びに成功する確率はとても小さいので、インデックスを構成するすべての株式を買うことで、よりよい結果が得られる」というものです。この考え方は、ウォールストリートのプロに高い手数料を支払う理由付けに疑問を投げかけてきました。当然、強い反論が出ます。ジャック・ボーグルは激しく罵《のの》られましたし、今でもそうする人々は存在します。しかし、彼が最初のインデックスファンドを始めてから40年もたつと、彼の考え方が有効であることは何度も確認されて、支持者を拡大してきました。

勝てる銘柄を選び出すことは、私にも、あなたにもできないというのが現実です。できると主張する多くの人々も、実はできていません。極めて難しく、コストがかかり、無駄足に終わるものなのです。このことを謙虚に受け入れることができれば、資産を増やす能力が驚くほど向上します。

投資のスーパースターであるウォーレン・バフェット、ピーター・リンチ、マイケル・プライスなどは、単にラッキーなだけと考える人々もいます。さすがに、コテコテのインデックス支持者である私でも、この考え方は理解しがたいです。それでも、一流のファンドマネジャーの中でインデックスファンドに勝てるのはわずか1％であり、たまたま彼らが勝った場合に、単にラッキーだったのか、そうでなかったのかを判別することが難しいのは変わりません。

このような状況においても、なお多くの人々がインデックス投資に抵抗感を持つのはなぜでしょうか。これには多くの心理的な要素が絡んでいると思います。私にも思い当たることがいくつかあります。それを6つほどまとめてみました。

①賢い人々にとって、ただ全部の銘柄を買うインデックスよりも悪い成績しか上げられないことを受け入れるのは、とても困難です。そういう人は、よい企業を見つけ出し、悪い企業を避けることなど容易だと思えて仕方がないのです。しかし、実際には容易ではありません。私自身、これを認めることは困難でした。そのため、なんとかインデックスを上回る成績を上げようとして、長い時間と多額の資金を無駄にしました。

１９６０年代にアメリカ政府はゼネラル・モーターズ（ＧＭ）を解体しようと真剣に検討しました。結局は実現しませんでしたが、ＧＭが強力に市場を支配しているため、ほかのメーカーが太刀打ちできないと考えたのです。今では政府から巨額の支援を得て、なんとか生き延びているＧＭと同じ会社の話だとは思えません。一方、１９９０年代に「賢い」投資家たちは、アップルが生き残れないほうに賭けていました。この本を書いている時点で、アップルは時価総額トップです。今日のスターは、明日には破綻しているかもしれません。今、大苦戦している企業が、明日には急回復しているかもしれないのです。

②インデックスを買うことは、市場の「平均」の利回りを受け入れることです。人々は「平均」を受け入れることに抵抗を感じます。しかし、ここで言う「平均」は、多くの場合、

誤解されています。インデックスファンドの利回りが分布の真ん中にあるということではなく、ここでの「平均」とは、インデックスに含まれている株式すべての成績を合わせたものだということなのです。

プロのファンドマネジャーは、この利回りに対して、どれだけうまく運用できたかで成績を評価されます。これまで見てきたように、どの年でも、ほとんどのファンドがターゲットとするインデックスに負けています。過去15年間では、インデックスがアクティブ運用を上回ったケースが82%でしたが、この比率は30年間だと99%に上がります。

つまり、VTSAXのような株式市場全体のインデックスとなっているファンドを買えば、ほぼ確実にトップレベルの成績を上げられるのです。しかも、それは毎年続きます。「平均」の結果を受け入れた成果としては悪くないのではありませんか。このような「平均」が得られるのなら、ゆったりと生活し、成功を楽しむことができると思いませんか。

③ファイナンス関係のメディアには、1〜2年あるいはせいぜい3年間にわたってインデックスを上回った個人投資家やプロの運用者の話が氾濫《はんらん》しています。ごく稀《まれ》に、バフェットのように長期間にわたって勝ち続けている人もいますが。

成功した人の話はとても面白いです。しかし、その人々を雇っている企業が、しばしばその話のスポンサーになっているのです。投資は長期戦です。何十年も上昇を続ける株式を見つけることが難しいのと同じくらい、勝ち続けるファンドマネジャーを見つけたり、別の勝者に乗り換えたりすることも難しいのです。

④皆さんは、投資をする際のコストの重さを軽視しすぎています。ファンドやアドバイザーに1～2％の手数料を支払うことはたいしたことではないように見えます。とくに、運用がうまくいっているときには気にならないでしょう。でも、間違えないでください。これらの手数料は、あなたの財産に悪魔の足かせをはめることになります。

参考のために、ファンドが投資家から取る手数料の比率（ＥＲ）は1・25％が平均的なレベルであるのに対して、ＶＸＳＡＸの場合は0・05％です。ボーグルも言っているように、運用成績は時によって変化しますが、費用は常に発生しています。この費用を複利で計算すれば、長い期間の間に驚くほどの損失を負わされていることになるのです。

次のように考えると、よくわかるでしょう。投資の配当で生活するようになると、保有資産の約4％を毎年使えます（Ｐａｒｔ4でこの4％の考え方について詳しく考えます）。

ファンドの運用手数料を1％持っていかれるとすると、あなたが使える収入（4％）の4分の1がまるまる消えることになるのです。

⑤結果を早く出したい、興奮を得たい、自慢をしたい人がたくさんいます。自分が保有する株式の価格が3倍になり、自分が買ったファンドがS＆P500に勝つという栄誉を得ようとします。それに比べて、インデックスに任せたまま、長期にわたって市場の魔法が作用していくのを待つことは、エキサイティングではありません。とても大きな利益を得られるのですが。

私などは、興奮はどこか別の場所に探します。資産を増やす仕事はインデックスに任せたいと思います。

⑥最後に、最も大きな影響力を持つものがあります。アドバイスや取引を売り込むために、「どこよりもうまく運用できる」と信じ込ませようとする大きな力が働いています。ファンドマネジャー、投信運用会社、ファイナンシャルアドバイザー、株式アナリスト、ニュースレターやブログの運営者、そしてブローカーなど、みんながあなたのポケットに手を突っ

込みたいと狙っています。大きなお金を運用していて、市場を上回る運用実績を出せるという売り込みが途絶えることはありません。一言で言えば、私たちは毎日洗脳されているのです。

インデックス投資に人気が集まれば、ファンドマネジャーやその関係者がせっせと集めている手数料は消えてしまう恐れがあります。そのため、市場を上回る実績を上げるという、実現できないことをあなたに信じてもらおうと努力しているのです。彼らがことあるごとにインデックス投資の悪口を言う理由がよくわかるでしょう。

ずっと以前に、私は格闘技の先生から、ストリートファイトで有効な技について話を聞いたことがあります。

「ストリートファイトでハイキックを使おうと思ったら、その前にこう考えてください。『私はブルース・リーだったかな』。答えがノーだったら、キックはやめましょう」

真剣勝負のために、とてもよいアドバイスだと思います。映画やトーナメント、道場での訓練の中ではハイキックはかっこいいし、効果が大きいように見えますが、ストリートではリスクがとても大きいのです。あなたの技術がとても優れていて、相手をはるかに上回っているのでなければ、あなたは攻撃されやすい危険な状況に陥ります。

ところが、ストリートや投資の世界で、自分が相手よりはるかに優れているとわかることは、まずありません。以前に成功したことがあったとしても、次もそうなる保証は何もありません。ここが重要なポイントです。

投資でも、特定の株式銘柄やファンドマネジャーを選ぼうとする前に、自分に問いかける質問があります。

「私はウォーレン・バフェットだったかな?」

もし答えがノーだったら、地に足をつけたまま、インデックス投資を選びましょう。

もう一度、ここで明確にしておきましょう。私がインデックス投資がよいと思う理由は、そのほうが簡単だからではありません(まあ、実際には簡単なのですが)。シンプルだからでもありません(実際にシンプルではありますが)。理由は、インデックス投資がほかの選択肢よりも有効で、資産を増やしてくれるからです。より多くのリターンが得られるのなら、もっと努力する気はあります。でも、もっと努力した結果、リターンが低くなるのなら、その努力をする気はありませんね。

12 債券について

これまで株式市場に多くの時間を割いてきました。株式とインデックスファンドを使って資産を増やすことを考えてきました。株式は保有資産の中で最も大きな部分になるでしょう。しかし、さまざまな場面で、債券をポートフォリオに加えることによって、激しい変動を少し平坦にすることができます。若干の利益を得るとともに、デフレをヘッジできるのです。詳しく見ていきましょう。

債券は、ある意味、安定的で信頼度の高い、株式の親戚のようなものです。少なくとも、そのように見えます。しかし、よく見ると、債券も、多くの人が考えるほどリスクがないわけではありません。難しいのは、債券はとても大きなテーマだということです。詳細に分け入ると、底が知れず、その大部分は本書の読者の興味を引くものとは思えません。実は私にとっても、少しも面白くないのです。しかし、私のこの言葉だけで満足しない人は、それがどんなものか、ポートフォリオに組み込むと、どんな意味があるのかを知りたいと思うかもしれません。

とはいえ、どれほどの情報があれば十分かは、難しい問題です。そこで、ここでは、債券について、段階を分けて話を進めることにします。あなたが説明を読んで、債券を保有しよう、あるいは保有しないと納得できたなら、その先は読まなくてもよいでしょう。終わりまで読んで、もっと知りたいと思った人は、債券に関する書籍を読んでみるとよいでしょう。

第1段階

ポートフォリオに債券を組み入れる目的は、デフレヘッジです。あなたの資産に降りかかる2つのマクロ的なリスクの1つがデフレーションです。もう1つはインフレーションですが、株式を保有することがインフレヘッジになります。デフレでは、物価がスパイラル的に下降し、インフレのときには物価が上昇します。陰と陽の関係です。

また、債券は利息を生み、収益が流れ込みます。利息収入は、次のような場合、免税になります。

①地方自治体が発行する地方債は、連邦所得税と発行した州の所得税が免税

②米国債は、連邦と地方の所得税が免税

第2段階

さて、そもそも債券とはなんでしょうか。それは株式とどう違うのでしょうか。

簡単に言えば、株式を買うことは、企業の一部を買うことです。債券を買うことは、発行主体の企業や政府に対してお金を貸すことです。

デフレは物価が下落する状況ですから、貸したお金が戻ってくるとき、そのお金で買えるものは増えます。貸したときよりも返済を受けたときに購買力が上がります。これによって、あなたがほかの資産で受けたデフレによる損失を埋め合わせてくれます。

インフレのときには、物価が上昇し、保有しているお金の価値は下がります。貸したお金の返済を受けたときに、そのお金で買えるものは貸したときよりも少なくなります。こ

のときには、株式などインフレで価値が上がる資産を持っているほうが有利です。

第3段階

私たちは債券として、バンガードのVBTLXを保有しています。これによって、個別の債券を持つ際に発生するリスクのほとんどを回避できます。

本書を書いた時点でVBTLXは7843銘柄の債券を保有しています。すべてが投資適格の債券で、トリプルBよりも低い格付はありません。格付が高い債券はデフォルトリスクが低いということです。さまざまな満期日の債券を保有することによって、金利リスクを軽減します。これらのリスクについては、次の段階で説明します。

この段階で理解してもらいたいのは、債券を保有するなら、インデックスファンドで保有すべきだということです。実際、個人投資家で個別の債券購入を選ぶ人はほとんどいません。国債と銀行の譲渡性預金（CD）だけが例外です。

第4段階

債券の構成要素は金利と期間です。金利は、単純に債券の発行体（借り手）が購入者（貸し手、あなたのことです）に対して支払うと約束したものです。期間もシンプルに、お金の貸し借りを行う期間のことです。

あなたがXYZ社の債券1000ドルを金利10％、期間10年で買うことにした場合、XYZ社はあなたに毎年100ドル（10年間の合計で1000ドル）の利息を払うことになります。あなたが10年後の期限まで債券を保有すれば、満期日に債券の発行者はあなたに1000ドルを返済する義務を負います。あなたがこの間、心配する必要があるのは、XYZ社が債務不履行になって債券の返済ができなくなることだけです。

債券における最初のリスクは、債務不履行のリスクです。企業や政府の債券のリスクを考えるとき、格付機関による発行者の信頼度評価が役立ちます。格付はトリプルAからDまであります。学校の成績のようなもので、格付が低いほどリスクは高まります。リスクが高いと、その債券を買ってくれる人を見つけにくくなります。その場合、買ってもらうために高い金利を払って、リスクの埋め合わせをすることが必要になります。投資家がより大きなリスクを取れば、より多くの利息を得ることができるのです。

このように、債務不履行のリスクが、債券からどれだけの利息を得られるかを決める最初の条件になります。債券に投資する人は、高いリスクを受け入れれば、高い利息を受け取れます。

第5段階

債券の第2のリスク要素は金利リスクです。これは、債券の期間と関係してきます。あなたが満期日を待たずに債券を売ろうと考えた場合にだけ、このリスクが登場します。

あなたが債券を売ろうとする場合、流通市場で買い手を探すことになります。先ほどのXYZ社の債券の場合、1000ドル以上払おうという人が出てくるかもしれませんし、1000ドルよりも安くないと買わないと言われる可能性もあります。あなたが債券を購入したときから金利状況は変化しているので、このようなことが起こります。金利が上昇していたら、あなたの持っている債券の価値は下がっています。金利が下がっていたら、債券の価値は上昇します。わかりにくいですか。具体的に考えてみましょう。

あなたは1000ドルを支払って、利率10%、つまり毎年100ドルの利息を生む債券を買いました。世の中の金利が15%に上昇したとしましょう。今、投資資金が1000ドルあれば、毎年150ドルの利息を生む債券を購入できます。このときに、わざわざ年100ドルしか利息を生まない債券に1000ドルを払う人はいません。買い手が付かず、困ってしまいます。

幸い、流通市場というすでに発行された債券を売買する市場があります。ここでは、あなたが持っている債券の価格をいくらにすれば、15%の利息を生むようにできるかを計算してくれます。あなたのお気に召す価格ではないかもしれませんが、その価格でなら売ることができます。

一方、金利が下がった状況では、話が逆転します。世の中の金利が10%から5%になったとしましょう。今、1000ドルを債券に投資しても毎年50ドルの金利しか得られません。あなたが持っている債券の利息は年100ドルなので、この債券の現在の価格は1000ドルよりも高くなります。ここで、あなたが債券を売ろうとすれば、流通市場が正確な価格を計算してくれます。

金利状況が上下どちらに変化しても、その間に債務不履行がなければ、満期まで債券を保有すると、投資した金額が戻ってきます。

第6段階

第3のリスク要素は、債券の期間だと想像がついているのではないでしょうか。そして、この期間が利率を決める要素にもなっています。債券の期間が長いほど、期限を迎えるまでの金利変動は大きくなる可能性が高くなります。したがって、リスクも大きくなると考えられます。

個々の債券の価格は個別に決定されますが、債券は短期、中期、長期の3つのグループに分類されます。たとえば、米国の財務省証券は、1〜5年間の短期証券〈Treasury Bill〈T-Bill〉〉、期間6〜12年の中期債券〈Treasury Note〈T-Note〉〉、そして12年を超える長期国債〈Treasury Bond〈T-Bond〉〉に分類されます。一般的に短期債券の利率は低くなります。投資期間が短く、リスクが小さいと考えられるからです。同様に、長期債券はリスクが大きいと考えられ、利率が高くなります。

もし、あなたが債券アナリストだとしたら、イールドカーブと呼ばれるこのようなチャー

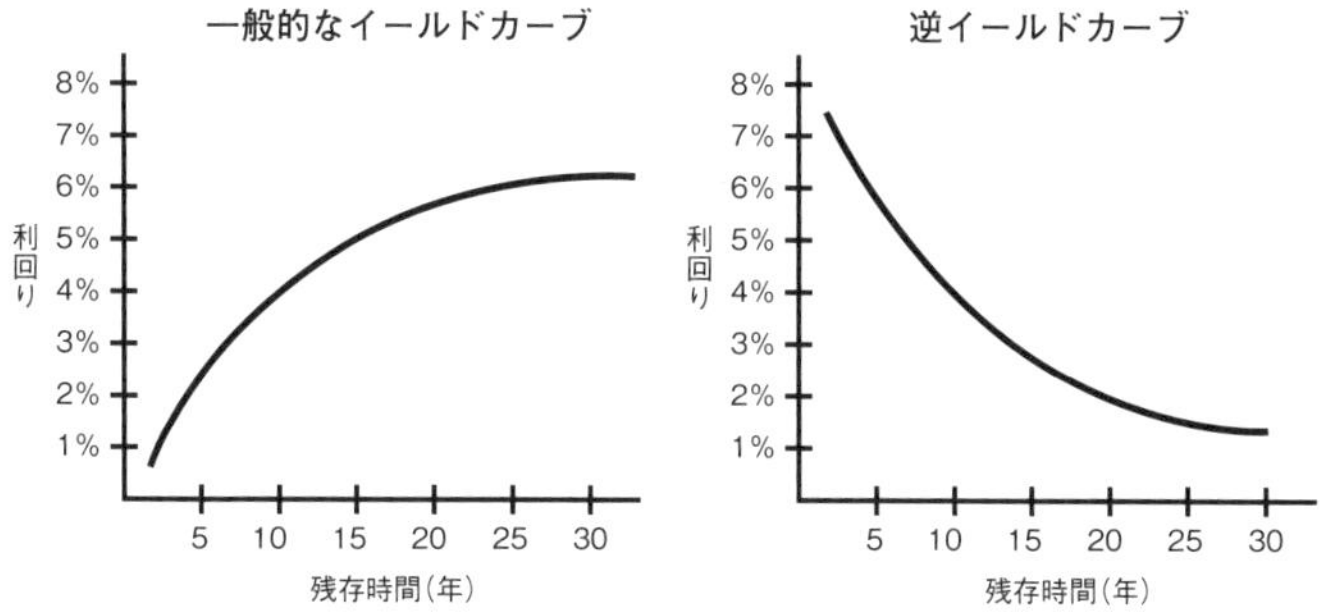

トを描いているでしょう。左側のチャートが一般的です。短期と中期、長期の金利水準の差が大きいほどカーブはきつくなります。

この差は状況によって変化し、時には短期のほうが長期の金利よりも高くなることもあります。この場合、逆イールドと呼ばれるチャートになり、債券アナリストたちは落ち着きを失ってしまいます。右のチャートがその状況です。

第7段階

インフレーションは債券にとって最大のリスクです。物価が上昇していく状況をインフレと呼びますが、債券を買って、相手にお金を貸している場合、インフレ下では、貸した資金が戻ってきたときに、その資金で買えるものは少なくなります。お金の価値が下がるのです。債券の利率を決定する最大の要因はインフレ率です。

健全な経済では、ある程度のインフレはつきものなので、長期債券は確実に影響を受けます。通常、長期債券がより多くの利息を支払うことになるのは、このような背景があります。逆イールドのときには、短期の利率が長期より高くなります。このとき、投資家は低いインフレあるいはデフレを想定しています。

第8段階

ほかに、次のようなリスクもあります。

①**信用格付引き下げ**：格付機関について前に触れました。トリプルAの格付の企業の債券を買ったとしましょう。あなたが買ったあとで、発行した企業に問題が発生し、格付機関がその企業の格付を下げると、それに伴って債券の価値が下がるリスクがあります。

②**繰上償還条項付債券（コーラブル債）**：ある種の債券は繰上償還が可能です。満期よりも前に発行体が償還することができるのです。金利が下降していて、ほかで借り入れをしたほうが低コストのときに起こります。発行体が債券を償還すれば、以後の利息を支払わなくて済みます。金利が下がっているとき、債券価格は上昇します。しかし、償還されてしまうと、もっと儲けられるはずだったあなたの利益はなくなってしまいます。

③**流動性リスク**：一部の企業は知名度が低く、債券も人気がないことがあります。あなたがその債券を売りたいと思っても、買おうという人が現れないのが、流動性リスクです。買う人が出てこないと、売り値は下がります。

第９段階

地方債は、州や地方自治体などが発行する債券です。学校や空港、下水道施設建設など公共事業のプロジェクト資金を集めるために発行されることがよくあります。企業の債券よりも金利は低いものの、免税という強みがあります。高い所得税率が適用される人々の間で人気が高くなります。とくに所得税率の高い州の住民に人気です。

発行体にとっても、軽い費用負担で済むというメリットがあります。バンガードには地方債に特化したファンドもあり、特定の州に焦点を当てたものもあります。興味を持った人はバンガードのウェブサイトを見てみましょう。

第10段階

世の中には、多種多様な債券があります。国、州、地方自治体、政府機関、そして企業が発行しています。期間、利率、支払条件には関係者が思いつく限りのバリエーションがあります。しかし、本書は資産を築くシンプルな方法をテーマとしているので、このあたりで終了としましょう。

13

資産を築いて維持するポートフォリオの考え方

これまでの内容で、大まかなことを理解してきたと思ってください。ここからが面白いところです。これまで学んできたことを使って、どのように資産を増やしていきましょうか。すでに学んだツールを使った2種類のポートフォリオを紹介します。

24歳の娘に話したのと同じことをお話しします。私の娘は投資自体にあまり興味を持っていませんが、このシンプルな手法であれば、投資についてじっくり考えなくてもかまいません。やることはポットが空にならないように水を注ぎ続けるだけです。それを続けて何年か過ごしていると、ある日、自分がお金持ちになっていると気づけるというわけです。その期間に、あなたも私の娘も、アクティブ運用を行っている投資家の82%よりもよい成績を上げることになります。「資産を積み上げるポートフォリオ」と名づけることにしましょう。

もう1つは、私たち夫婦が半分引退した状況で行っている投資を紹介します。これを「資産を維持するポートフォリオ」と呼びましょう。

あなたを取り巻く状況は、私の家族と同じではないかもしれません。しかし、この2つのポートフォリオを物差しにして、Ｐａｒｔ2の10で考えた、あなた自身の事情を加味すれば、自分に合ったツールにつくり直すことができます。

「資産を積み上げるポートフォリオ」

これは私の娘のためにつくったポートフォリオです。つくった理由はこうです。あなたが投資家として継続してうまくやりたいと思ったとき、2つの道があります。Ｐａｒｔ2の6で検討した、昔からのアドバイスに従って、幅広い投資対象にわたって投資を分散させることです。長期的な利回りが低くなったとしても、道を平坦にしてほしいと願うわけです。

これはくだらない考えです。あなたは若く、大きな目標を持って資産を増やそうとしているのですよ。できるだけ早く「会社に縛られないお金」を築こうとしているのです。歴史上、最も優れた実績を上げている株式に集中投資しなくてどうするのですか。しっかりした気持ちで、気を引き締めて、嵐の中に踏み出すことを学んでほしいのです。

「すべての卵を1つのかごに入れてはいけない」という言葉を聞いたことがあるでしょう。その変化形として、「すべての卵を1つのかごに入れて、そのかごを注意して見張りなさい」というのもあります。これらは忘れてください。あなたに必要なアドバイスは、これです。

「すべての卵を1つのかごに入れて、そのことを忘れましょう」

皮肉なことですが、投資では、保有している資産を見張り、いじくり回すようなことをすればするほど、うまくいかなくなります。かごにたくさん詰め込んだら、いったん、それについて考えることをやめましょう。目を覚ましたら、お金持ちになっていますよ。

入れるべき「かご」はVTSAXです。ここまで読んできたら、驚くことは何もないでしょう。これはアメリカのすべての公開企業を所有しているのと同じ意味を持つファンドです。全米の約3700社すべての一部分ずつを所有しているということです。これ以上、大規模で分散されている「かご」はありません。

費用が安いこともあなたの投資にとって有利です。資産の１００％を株式に投資することは、とても積極的な投資判断だと考えられています。確かに積極的です。「資産を積み上げる」段階では、積極的に行動すべきです。あなたには投資をする時間がまだたっぷりあります。この先、投資に追加する資金も生まれてきます。市場が変動しても気にすることはありません。パニックに陥ることなく、道を進んでいけるはずです。もし市場が下落しても、安く買うチャンスだと思えることでしょう。今から40年後には、道を少し平坦にするために、債券のインデックスファンドを加えたいと考えるかもしれません。それはそのときに考えればよいことです。

このように書くと、世界中の投資の教祖様たちが集まって文句を言うかもしれません。もう少し説明しましょう。

これまでの説明の中で、経済危機は想定された範囲内の出来事であり、それを乗り切ることで最高の結果が得られると説明してきました。それを予測することも、うまいタイミングを捉えることもできません。投資経験を積む中で何度も遭遇することでしょう。しっかりした気持ちを持っていれば、平然と対応できます。

さて、「正しい気持ちの持ち方」が可能だと賛同していただけるなら、嵐を乗り切るために何をすればよいでしょうか。最もよい投資結果を生み出す資産を選びたいのは当然のことです。もちろん、それは株式です。それ以外の債券、金、不動産、美術品など幅広く考えてみても、長期間で見ると、株式に勝るものはありません。ほかのどれも株式の足元にも及びません。

その理由を考えてみましょう。株式は、株券という紙切れのことではありません。事業の一部を所有しているということです。国際的な事業を展開している企業も多く、世界中のビジネスに参加する機会を与えてくれます。投資対象の企業には、事業を発展させ、顧客に喜んでもらおうと日夜努力している人々がいます。成功した者が評価され、できなかった人々は評価されない厳しい環境の中で競い合っています。このようなダイナミックな厳しさの中で、株式は歴史上かつてないほどの成功を収めた強力な投資商品になったのです。

VTSAXはインデックスファンドですから、どの企業が成功し、どこが失敗するかを気にする必要はありません。それはファンドの中で自然淘汰されていきます。失敗した企業は去り、成功した企業が大きく育っていきます。

VTSAXに投資することによって、あなたは株式100%のポートフォリオを持つことになります。それは、長期間に最高の投資実績をもたらしてくれます。しかし、あなたが十分にしっかりしていないと、嵐の中でおびえて保有し続けることができず、嵐に飲み込まれてしまいます。これは資産の欠点ではなく、投資家側の心理的な弱さが原因になった失敗です。

余談ですが、債券10～25％、株式75～90％のポートフォリオのほうが、株式100％のポートフォリオよりも成績がよいという研究結果もあります。しかも、少しだけ変動が小さくなるというのです。この方法でやりたいと思ったら、定期的に投資構成を再配分するというう、やや複雑な作業が必要になります。私は異論を唱えることはしません。しかし、それは簡単な作業でしょうか。

1975年に投資を始めたとしましょう。当時、VTSAXはまだ生まれていませんが、1975年1月から2015年1月までの40年間に、S&P500インデックスは年平均11・9％の利回りを生みました。毎年2400ドル（毎月200ドル）を投資してS&P500と同じ動きに任せていたとすると、2015年には151万5542ドルに膨れ上がっていたはずです。同じ期間で、最初に1万ドルを一度に投資したとすれば、89万7905ドルになっている計算です。その間のあらゆるパニック、暴落、景気後退などを織り込んで、この結果です。

残念ながら、この期間の始まりのとき、私はまだ賢くはありませんでした。その私が、娘が19歳のとき、彼女のために考えたシンプルな資産形成法がこれでした。

「大きく分散した1つのかごにすべての卵を入れ、できるときにはさらに追加して、それについて忘れること」

追加する資金が大きいほど、早く目標に到達します。これで任務完了です。

「資産を維持するポートフォリオ」

ちょっと待ってほしいと、あなたは思うかもしれません。もう引退している、あるいは、もうすぐ引退するところで、これからはこれまでの資産で暮らす予定だといった人は、大部分を株式に投資するのは価格変動が大きく、どうしてもなじめないかもしれません。もっと穏やかにいきたいといった場合は、どうすればよいでしょうか。

実は、私自身も今、そんな状況なのです。数年前に、引退する時期が近づいてきたところで、ほとんどVTSAXのみだったポートフォリオの幅を広げました。これはかなり複雑な話になります。今までのポートフォリオに、別のインデックスファンドを追加しなくてはならないのです。

ここからは資産配分の領域に入ります。今までよりも多くの時間を費やす必要がありま す。投資資金を追加するだけでなく、それぞれの投資商品にいくら投資するかを決めなく てはなりません。そして、始めたあとは、毎年一度くらいはポートフォリオを望ましい形 になるように再配分したくなってきます。毎年、数時間の作業が必要になります。もちろ ん、あなたにできる作業です。

株式が100%のポートフォリオは、たとえVTSAXという広く分散された商品を使 うとしても、とても積極的な投資と考えられます。短期的なリスク（大きな苦痛を伴う株 価の激しい変動）が高く、その分、長期的な利回りは高くなります。険しい道のりを乗り こなし、投資資金を追加して長期的な視点で投資を考える人にとっては、最も望ましい投 資対象です。しかし、誰にとっても最適ということではありません。もう少し心が落ち着 くほうが望ましい、大きな変動リスクをとりたくないと思う人もいるでしょう。年齢が高 くなると、利回りが下がっても、少し平坦な道を進み、夜はぐっすり眠りたいと思うよう になるかもしれません。

引退が間近になってきて、経済的自立を達成できているあなた。私も同じ状況です。妻と私はポートフォリオに株式以外の次のものを加えています。大きな金額ではありませんが、こんな感じです。

①約75％は株式です。すべてVTSAXです。これまで議論してきたとおり、投資の最も重要な部分であることは変わりません。
②約20％は債券です。VBTLXです。債券はある程度の収入を生み、株式の荒い動きを緩和してくれます。デフレヘッジの意味もあります。
③約5％は預金です。地元の銀行に預けています。

あなたの好みに従って、この構成を調整してください。利回りが下がって資産の増え方が遅くなっても、のんびりやりたいですか。そんな人はVBTLXの比率を増やしましょう。変動してもかまわないので、どんどん増やしたいですか。そんな人はVTSAXにもっと投資しましょう。資産配分について、さらに詳しく見ていきましょう。

14

資産の配分を考える

人生は「バランス」と「選択」の連続です。投資に関しては、あなたの特性と目標から、何を選択するかが浮かび上がってきます。

財務マニアの私のような人間は、特殊な存在です。まともな人間は、私の相手などしたくないでしょう。娘が私にそのことを気づかせてくれた頃、私は「最も効率的な投資は、最もシンプルなものだ」と理解しました。

複雑で手数料の高い投資は必要ありません。そうしたものは、とにかく利益を生みません。投資をあれこれいじくると、必ず悪い効果が出ます。いくつか大切な選択を行ったら、あとは放っておくのが成功の秘訣《ひけつ》です。それが豊かな生活に近づく、最もシンプルな道なのです。

ここまで読んできたあなたはすでにおわかりでしょう。シンプルにすることを指針とし、人生を2つのステージに分け、2種類のファンドで投資することが目指す道なのです。

・「資産を積み上げるステージ」と「資産を維持するステージ」、またはその混合形

・使う道具はVTSAXとVBTLX

資産を積み上げるステージでは、あなたはまだ仕事をしていて、追加投資する資金を稼いでいます。このステージでは、株式に100%を投資することがお勧めで、VTSAXを活用します。経済的に自立することが目標であれば、このステージでは、高い利回りを得る必要があります。毎月、投資すれば、市場の荒い変動を抑えることができます。

あなたが仕事を辞めて、投資で得た利益で生活するようになると、資産を維持するステージに入ります。この時点では、ポートフォリオに債券を加えることをお勧めします。仕事をしている頃に追加投資したことで変動を抑えたように、債券を加えることで変動を和らげるのです。

現実の世界では、どちらのステージにあるのかを区切ることは容易ではありません。引退したあとも、資産が増えていると気づく人もいます。長い期間の中で、2つのステージ

を行ったり来たりする人もいるでしょう。高水準の報酬を捨て、収入は低くてもやりがいのある仕事を選ぶかもしれません。私自身の人生を振り返ると、何カ月、あるいは何年も仕事から離れていたことが何度もありました。その都度、ステージを変えていました。

2つのステージと2つの道具を使い、あとはあなた自身のバランスを見つけるだけです。最適なバランスを見つけるには、別の2つの要素、つまり、どれだけの努力をする気があるか、そして、どれだけのリスクに耐えられるかを考えることが必要です。

努力

資産を積み上げる段階では、100%を株式（VTSAX）に配分するのが基本です。ポートフォリオの10～25%を債券に配分することで、株式100%のポートフォリオを上回る成績を上げられるとする研究がいくつかあります。この結果はインターネット上でも見ることができます。債券の組入率が25%を超えると成績が落ちることは、実際にやってみると、おわかりになるでしょう。

ただし、これらの研究は絶対的なものではなく、将来の見通しについて一定の前提を置いて計算している点に注意する必要があります。しかも、株式100％と、株式80％・債券20％のポートフォリオの成績の差はごくわずかです。これからの長い期間で、実際の結果がどうなるかといえば、きわどい勝負になるでしょう。最終的にどちらが勝つかを予測することはできません。このようなことを考慮すると、シンプルなことを重視する立場から、私は株式（VTSAX）100％のポートフォリオをお勧めするのです。

とはいえ、少し作業をしてみる気があるなら、債券を10～25％ほど組み込めば、変動を多少抑え、うまくいけば、もっとよい成績を上げられるかもしれません。その場合、1年に一度くらいは、その資産配分を維持するための調整をしたくなるでしょう。さらに、市場が20％以上、上下に変動した場合にも調整したくなるでしょう。成績の上がったほうを売り、よくなかったほうを買い増すことになります。

税の扱いが有利な個人退職口座（IRA）や確定拠出年金401（k）を使うのが理想的です。そうすれば、キャピタルゲインへの課税が免れます。キャピタルゲインへの課税は大きなマイナス要因です。現物株ではなくVTSAXをお勧めする理由の1つは、ここにあります。

調整自体は簡単です。バンガードや大手の運用会社では、ネットで行えます。1年間を通して必要な作業時間は数時間です。ただし、自動車のオイル交換のように、この調整は重要な意味を持っています。

調整をする自信がないとか、そんな面倒なことはやりたくないという人には、ＴＲＦ（ターゲット・リタイアメント・ファンド）を利用するのも１つのやり方です。自分の配分を決めたら、ファンドが自動的に調整してくれます。これは追加サービスですので、単純なインデックスファンドよりも手数料は高くなりますが、それでも低コストです。これについてはＰａｒｔ２の16で詳しく見ます。

リスク対応

・**気質、性分**：リスクにどれだけうまく対応できるかという能力です。あなただけが判定できる要因です。自分自身に正直になれば、おわかりになるはずです。

・**柔軟性**：消費をどれだけ柔軟に調整できますか。あるいは、調整する気になりますか。必要になれば、引き締めることができますか。生活コストの低い地域に引っ越すことはできますか。すでに引退している場合は、再び仕事に戻ることはできますか。新しい収入源をつくり出すことはできますか。あなたのライフスタイルに変更しづらい条件が多いと、柔軟な対応が難しくなります。

・**お金をどれくらい持っているか**：Ｐａｒｔ４で考えますが、資産の４％を使うという基本ルールは、将来、あなたの資産がどれくらいの利益を生み出してくれるかを判定する目安になります。得られる利益すべてを使い切らないと必要な生活がまかなえない場合、リスクへの対応力は低下します。一方、４％を使っていても、その大部分の目的が趣味や旅行などの場合は、リスクに対する余裕は大きいと言えるでしょう。

努力とリスクについてよく考えたところで、いくつか考慮すべきポイントをお話ししましょう。

債券にはいつ移行すべきか

このポイントへの答えは、あなたがどこまでリスクに耐えられるか、そして、あなたがどのような状況にあるかによって決まります。

完全に引退する5~10年前から、債券への配分を少しずつ増やしていくのが、最もスムーズなケースでしょう。目標とする日程が決まっていれば、明確な計画を立てられます。

しかし、引退の日をはっきり決めなくてよい場合や、より大きなリスクを取れる場合には、変更する直前までどっぷりと株式に投資していてもかまわないでしょう。こうすると、株式をフルに活用して目標に早く到達するかもしれませんが、市場が望ましくない方向に動くと、引退する日を先に延ばさざるをえなくなるかもしれません。

もちろん、「資産積み上げ」と「資産維持」のステージの間を行き来することもあります。その場合は、ステージを変更するたびに、状況を再評価して、配分の調整を考えることになるでしょう。

バランスを取り、選択する。これも陰と陽です。

年齢は関係あるか

基本的に、私はライフステージをベースにして投資のステージを考えています。年齢は一般的かもしれませんが、使いたくはありません。

まず、人々は以前よりも長生きするようになり、生き方も多様になっているという事実を踏まえて、こう考えています。とくに、この本を読もうと考えた方々はそうだろうと思います。とても早く引退する人もいます。報酬の高い地位を降りて、自分の興味がある別の仕事に移る人もいます。しかし、私と同じように、仕事を辞めたり、よい仕事があれば引退したあとでも戻ったりして、ステージが移り変わる人もいます。

このように考えると、年齢は、少なくとも以前ほど重要な問題ではなくなっています。

もっとも、歳を重ねるうちに、年齢によって選択が狭められることも出てきます。年齢による差別は、とくに企業の世界では明らかに存在します。年齢が高くなると、若い頃ならすぐに手に入った選択肢が得られないことがあるでしょう。将来、高給のポジションから離れることが想定される場合には、よく考えておくべきでしょう。

また、年齢が高くなると、複利によって投資を増加させ、市場の落ち込みをカバーするのに必要な時間が確実に減っていきます。

これらはどちらも、リスクへの取り組みに影響を与え、少し早めに債券を組み込もうと思うようになるかもしれません。

ポートフォリオの調整を行うベストな時期はあるか

ポートフォリオを調整するのによい時期というのは、とくにありません。1年のうち、どこで行うのがよいかを示した、信頼できる調査も見たことがありません。もし誰かがベストタイミングを見つけたとしても、それが広まって、みんなが同じことをすれば、もうベストタイミングではなくなるでしょう。

ただし、1年の初めと終わりは避けることをお勧めします。バランス調整をみんなが考えるタイミングであり、税金の観点から売買する人々も多いからです。このような要因で短期的に市場が荒れることからは回避したいでしょう。

私自身は妻の誕生日に年1回の調整を行っています。市場の状況に無関係だし、覚えやすい日ですから。

税金が優遇された口座と通常の口座の調整をどうするか

これは面倒な問題で、ご自分の状況に応じて対応するしかありません。税金が優遇された口座では、債券を保有するのがベストだと思いますが、バランスの調整は複雑です。配分を考える前に、まず、あなたの投資の全体像をつかんでおくべきです。

次に、売却損が発生した年でなければ、一般的に、税優遇のある口座を使って、課税されないようにします。売却損があるときは、通常の口座で売却損を実現すべきです。たとえば、アメリカの場合、ＶＴＳＡＸをＩＲＡと通常の課税口座の両方で保有していて、バランス調整のために売却が必要になったら、課税口座で売却して売却損を実現します。そうすれば、それ以外で得た売却益と相殺できます。しかも、３０００ドルまでの配当収入も相殺の対象になります。

それ以上の損失は翌期以降に繰り越しが可能です。

頻繁に調整するほうが成績はよいか

投資サービスを提供する企業は、「長い期間で考えると、頻繁に調整するほうが成績はよくなる」と言います。

私はこれに賛同する気になりません。どちらかというと反対です。

バンガードが株式と債券のポートフォリオについて、毎年バランスを調整するものと、調整をまったくしないものを比較調査したことがありますが、結果は、調整したポートフォリオのほうが成績はよかったものの、その差はわずかで、戦略のおかげなのか、単なる誤差なのかわからない程度でした。

ジャック・ボーグルの結論は、こうです。

「バランスを調整するかどうかは、個人の好みであって、統計的に差を証明できるものではありません。調整することに問題はありませんが、私自身は行いませんし、構成のわずかな変化をひたすら心配する理由もありません」

私たちは毎年、調整を行います。それを変更するとすれば、まったく行わないようにすることでしょう。

いろいろ書きましたが、要は、見直したいように見直し、使いたいルールを使って、あなたの状況に最適な資産配分を生み出すだけです。

さて、これまでは、海外に関係するファンドの話をしていません。誰もが取り上げるテーマですので、次にこれを考えましょう。

15

国際的なファンド

前に書いたとおり、多くの投資アドバイザーは、私が勧めるわずか2つのファンドよりもはるかに多くの投資商品を勧めます。２００８~２００９年の市場崩壊に慌てた投資アドバイザーたちが、今では、あらゆるものへの投資を勧め、そのうちの1つか2つが当たればいいという姿勢でいるのを何度も見てきました。

言われたとおりにきちんとやろうとすると、あらゆる投資商品を理解し、それらの適切な構成比率を決め、どのような形態でそれらを保有し、どうバランスを調整し、その後の状況をどう追跡するかという膨大な作業が必要になります。

しかし、シンプルにすることの有利さに賛同する人々でも、わずか2つのファンドでは不十分だと感じるかもしれません。私のウェブサイトにやって来るのは鋭い人たちばかりですが、彼らから最もよく質問を受けるのが、国際的なファンドについてです。

あなたが目にする、どの資産配分にも、国際的なパーツが含まれているでしょう。では、私のシンプルなやり方で考慮に入れないのは、なぜでしょうか？

理由は３つあります。

1 追加的なリスク

まず、通貨リスクがあります。海外の企業を所有していると、その国の通貨での取引が基本になりますが、その通貨とアメリカドルとの為替レートは変動するため、国際的なファンドには為替変動に伴うリスクが加わることになります。

会計リスクもあります。とくに新興国においては、アメリカで求められる透明性の高い会計基準が整備されていない国が存在します。アメリカにおいてさえ、かつてのエンロンのように粉飾決算で投資家を破滅させる企業が登場することがあります。規制が弱い国では、この種のリスクが高くなります。

2　追加的なコスト

ＶＴＳＡＸの経費率（ＥＲ）は０・05％ですが、これは絶対的に最低レベルです。バンガードは他社に比べれば経費率が低いですが、それでも、国際的なファンドの経費率は、最低でも国内ファンドの2倍の水準です。

3　すでにその部分はカバーされている

国際的なファンドを保有する最大の理由は、アメリカの国内の状況に過度に依存したくないということでしょう。そして、アメリカ市場との関連の薄い投資商品の成長を楽しみにしたいということだと思います。

しかし、実は、その部分はすでにカバーされているのです。まず、アメリカの上位５００社の大企業はＶＴＳＡＸの80％を構成しています。これらトップグループの５００社は、どこも国際的に事業を展開していて、売り上げや利益の過半を海外で上げている企業がほとんどです。アップル、ＧＥ、マイクロソフト、エクソンモービル、バークシャー・

ハサウェイ、キャタピラー、コカ・コーラ、フォードなど、枚挙に暇《いとま》がありません。

これらの企業は、海外の市場の成長としっかりつながっています。しかも、前に述べた追加的なリスクへの対応もかなりできています。国際的なファンドに追加投資する必要はないと私は思います。

もう1つの理由は、「国際的な市場の成績は、アメリカ市場とは連動していない」という期待についてです。つまり、アメリカの市場が下がったときに、海外の市場が上がるという期待です。両方を持っていれば、変動を緩和でき、再配分することで利回りも向上するというわけです。ところが、世界の経済は相互に強く関連づけられているので、市場間の成績はあまり差がなくなっています。地政的な理由から来る例外はありますが、国際的な市場間の連関は強まるばかりです。

これが私の意見ですが、世界に対するあなたの考え方は異なるかもしれません。その場合は、VTSAXの中に組み込まれているものよりも、もっと国際的な部分に触れたいということでしょうから、その必要度に応じて、バンガードが提供するほかのすばらしい商品も検討してみましょう。たとえば、次のようなものがあります。

VFWAX：FTSEオールワールド（除アメリカ）インデックスファンド（経費率0・13％）

VTIAX：トータル・インターナショナル・ストック・インデックスファンド（経費率0・12％）

どちらもアメリカ以外の世界中に投資しています。実際にはVTSAXでカバーされている部分ですが。

コストは少し高くても、とにかくシンプルにいきたい人には、次の商品もあります。

VTWSX：トータル・ワールド・ストック・インデックスファンド（経費率0・25％）

これは、約50％をアメリカに投資し、残りをそれ以外の世界中に投資しています。

私自身は必要性を感じませんが、国際的なファンドを保有したいと思う人に強く反対するつもりもありません。ただ、VTSAXですでに国際的な部分を保有していること、そして、追加的なコストとリスクを伴うことをお忘れなく。

16

あらゆる人々にとって最もシンプルな投資方法

さて、資産を積み上げるのに必要なファンドはただ1つです。商品を決めたあと、あなたが気にすることは何もありません。また、資産を維持するのに必要なのは2つのファンドだけでした。

あなたは、こんなことを考えるかもしれません。「2つのファンドの構成を、毎年、再調整することが必要だというが、毎年、状況をチェックするのは大変ではないかな」と。さらに、「前の項目で書いてあったことはわかったが、ポートフォリオに海外への投資を加えたい」と考えるかもしれません。

お考えはわかります。とにかくシンプルにいきたいということですね。ファンドを1つだけ買って、亡くなる日までずっと持っていたい、資産配分はあなたの代わりに誰かにやってほしい、ということですね。あなたには、ほかにやるべきことがたくさんあるのですね。

橋を架ける、国を運営する、芸術を生み出す、病気を治す、事業を起こす、ビーチでのんびり過ごすなどなど。私は、そんなあなたのために存在しているのです。

大切なことは、バンガードには、12種類のＴＲＦ（ターゲット・リタイアメント・ファンド）が用意されているということです。ほかの投信会社にも同様の用意はありますが、私たちはバンガードを推していますので、ＴＲＦもバンガードを例にとって進めましょう。

あなたの４０１（ｋ）がほかのものしか扱っていない場合でも、ここに書いてあることは当てはまります。バンガードのウェブサイトに行くと、これら12種類のファンドがＴＲ２０１０からＴＲ２０６０まで並んでいます。もう１つ、すでに引退した72歳以上の人のためのファンドも用意されています。

あなたが引退しようと考えている年を選び、そこに資金を投入すれば完了です。その後、さらに資金を追加することと、引退の時期が来たら資金を引き出す手続きをすること以外に、あなたがすることは何もありません。素敵な方法でしょう。

これらのファンドそれぞれが、ファンド・オブ・ファンズとして知られているものです。つまり、１つのファンドが、さまざまな投資目的を持つ複数のファンドに投資しています。バンガードの場合、投資しているファンドはどれも低コストのインデックスファンドです。

正しい投資方針ですね。TR2020から2060まで、それぞれが次のファンドだけに投資しています。

トータル・ストック・マーケット・インデックスファンド
トータル・ボンド・マーケット・インデックスファンド
トータル・インターナショナル・ストック・マーケット・インデックスファンド
トータル・インターナショナル・ボンド・マーケット・インデックスファンド

TR2010、2015、2020には、これらのほかにショートターム・インフレーション・プロテクテッド・セキュリティーズ・インデックスファンドが加わります。

時が進み、引退を予定した日が近づいてくると、これらのファンドは自動的にバランスを調整し、少しずつ手堅くなり、変動を小さくしていきます。あなたがすることは何もありません。

経費率は0・14〜0・16%程度です。経費率0・05%のVTSAXほどの低さではありませんが、とてもシンプルに扱えることを考えると、とても優れていると思います。欠点はあるでしょうか。

　これらのファンドは保守的になるのが早すぎるという人がいる一方で、攻撃的である期間が長すぎるという人もいます。バンガードはかなりいい線をいっていると思います。私はそもそもかなり攻めるタイプなので、私にとってはやや保守的に思えますが。

　このような調整は難しいことではありません。債券の比率を上げて、もっと保守的にやりたいと思ったら、実際に引退を予定している日よりも早い期日のファンドを選べばよいのです。選ぶ期日が早いほど、より保守的な資産配分になります。攻撃的にしたければ、より遠い期日のファンドを選びます。

　ほかの運用会社には、引退の期日によって資産配分を変えるところもあります。そのようなファンドがあなたの401（k）プランで提供されていたら、同じ原則を当てはめて考えてください。

　比較的低コストであることは大きな意味があるので、TRFを使うことはお勧めです。多くの人にとってよい選択と言えるでしょう。ほとんどのアクティブ運用のファンドよりもよい成績を上げてくれるはずです。

　ただし、私はこれまでに書いてきた投資のほうがもっと優れていると思います。それは、次の理由からです。

・経費率がＴＲＦよりもさらに低い。
・どのＴＲＦもトータル・インターナショナル・ストック・マーケット・インデックスファンドを組み込んでいます。これ自体、優れたファンドですが、Ｐａｒｔ２の15で書いたとおり、私は国際的な要素をＶＴＳＡＸが含んでいる以上に保有する必要性を感じません。
・免税の口座で債券を保有することで、配当や利息に課せられる税金を節約することができます。ＴＲＦを使う場合には、免税の口座で保有すべきです。

あなたに合うＴＲＦをどこで見つけるか

４０１（ｋ）などの引退プランでＴＲＦはよく知られるようになりました。これが提供された背景に、多くの人は投資という行為にほとんど興味がない、という考え方があります。確かにそれが当てはまる人もいるでしょう。ＴＲＦは、１つ選ぶだけで効果的な結果をもたらすツールだと思います。しかも、引退プランでは税の優遇があるため、債券の利息や株式の配当への課税はありません。

それで、どうすればよいでしょうか。

あなたが勤める企業が、バンガードや他社のＴＲＦを提供しているのなら、それへの投資を検討してみるのもいいでしょう。

できるだけシンプルで、しかも成績のよいポートフォリオを求めているなら、ＴＲＦはよい選択肢です。間違いなく最もシンプルな投資方法です。

17

バンガードの商品を買えない場合

この本ではバンガードのファンドをお勧めしてきました。私自身これらを保有していま す。さまざまな商品が提供されている中で、経費率が最も低いものを選んでいますが、そ の商品を利用するには最低でも1万ドルを投資しなくてはなりません。

あなたが投資を始めたばかりで、最低1万ドルの資金を用意するのはハードルが高いか もしれません。また、あなたの勤め先の401(k)では、これらの商品が選択肢にない こともありえます。

私がお勧めするのはバンガードですが、あなたの国や401(k)でバンガードのファ ンドが使えないとしても、心配はありません。ほかの方法があります。

ファンドのバリエーション

ＶＴＳＡＸとＶＢＴＬＸは、それぞれ株式と債券を代表するファンドですが、これらと同じポートフォリオでつくられたファンドは１つではなく、いくつか存在しています。バンガードでは、それらを「クラス」と呼んでいて、次のようなものがあります。

まず、個人投資家向けには、次のファンドです。

・アドミラル・シェア（VTSAX）：経費率は０・05％、最低投資額１万ドル
・インベスター・シェア（VTSMX）：経費率０・17％、最低投資額３０００ドル
・ETF（VTI）：経費率０・05％（ETFとは上場投資信託のこと）

ＥＴＦは、株式と同様に、どんな金額でも投資できます。経費率はわずか０・05％なので、これを選ぶ人もいますが、注意が必要です。ＥＴＦを売買する際には、取引手数料を取られます。これが追加コストになるため、経費率が低いといっても、コストが意外にかかる可能性があります。

次に、機関投資家向けの商品です。

・ＩＴＰＸ：経費率０・02％、最低投資額２億ドル
・ＶＩＴＮＸ：経費率０・04％、最低投資額１億ドル
・ＶＩＴＳＸ：経費率０・04％、最低投資額５００万ドル

もし、これらが使えるなら、ＶＴＳＡＸに代替するものとして選べます。どれを選んでも、バンガードのトータル・ストック・マーケット・インデックスファンドに投資していることに変わりありません。

バンガードの商品が投資プランにない場合

あなたの企業の確定拠出年金プランにバンガードが入っていないことも考えられます。バンガードの商品がなくても、確定拠出年金は活用すべきです。

では、バンガードがない場合、どうやって選択するのかといえば、株式市場全体あるい

は債券市場全体を対象とした、費用の低いインデックスファンドを選ぶことです。幸い、ほかの大手運用会社も、バンガードに対抗するために、低コストのインデックスファンドを用意しています。あなたが見つけるべきものは、つぎのファンドです。

①低コストのインデックスファンドです。
②税金の優遇という点では、株式市場全体のインデックスファンドがお勧めですが、S&P500のインデックスファンドでも大丈夫です。
③債券全体のインデックスファンドが必要な場合も、そうした商品はほぼ提供されているので、心配無用です。
④TRF（ターゲット・リタイアメント・ファンド）が使えることも多く、それを選ぶのもすばらしいですが、手数料に注意してください。

アメリカ以外の国にいる読者の方へ

アメリカ以外の国では、必ずバンガードが使えるとは限りません。バンガードのウェブサイトで確認してください。もしバンガードが選択肢にない場合も、この本に書いたのと同じ考え方で、税が優遇されたプランを見つければよいのです。

また、VTSAXはアメリカの株式市場をフォローしています。Part2の15にも書いたとおり、アメリカに住む筆者はこれで十分ですが、アメリカに軸足を置いたファンドが使いにくいという人もいることでしょう。

ご心配は無用です。そんな人は、グローバルの株式市場をフォローするバンガードのインデックスファンドを探してください。世界全体を対象に投資するファンドです。私の大好きなVTSAXよりもよい成績を上げる場合もあるほどです。

ただし、経費率は0・25%といったように、相対的に高くなります。それにVTSAXは国際的に投資している部分を含んでいるので、その点でもお勧めできません。

グローバルに目を向けるのであれば、低コストのETFを考えたほうがいいかもしれません。すでに書いたとおり、売買手数料がかかりますので、私はETFを避けているのですが、検討には値します。その際も、取引のコストに十分注意してください。

もう1つ付け加えると、どのグローバルファンドを選択しても、アメリカの市場が含まれています。アメリカ市場が世界全体に占める比率は非常に大きいので、それ抜きにすることはできません。そのため、国際的なファンド、とくにアメリカの企業が提供するものには、アメリカ市場以外に投資するように設計されたものもあります。すでにアメリカ市場に投資している人向けにつくられたものですが、アメリカ以外の国にいる投資家の皆さんのニーズには合わないかもしれません。

最後に

ＶＴＳＡＸやＶＢＴＬＸ、あるいは経費率の低い国際的なファンドを利用できない場合は、バンガードの株式と債券のインデックスポートフォリオと同じ結果を生む、バンガードのほかの商品を探すことです。

バンガードがまったく使えないときは、ほかの運用会社の低コストのインデックスファンドを探しましょう。そして将来チャンスがあれば、保有しているファンドをバンガードに移すのです。

18

バンガードとはいったいなんなのか

ここまでお読みいただければ、私がバンガードのインデックスファンドを強く推している理由がおわかりでしょう。バンガードを使えない場合を除いて、私はバンガードだけに投資すべきだと確信しています。これほど強く推薦すると、次のような疑問を持つ人が出てくるのは当然です。よくある4つの疑問についてご説明しましょう。

1　バンガードが特別である理由は何か

1975年にジャック・ボーグルがバンガードを創設したとき、彼はとてもユニークな方法を使ったため、今でもバンガードのファンドは投資の世界でとてもユニークな存在であり続けています。バンガードは、顧客が所有し、実際の費用のみで運営されているのです。

これはどういうことでしょうか。バンガードのファンドの投資家として、あなたとバンガードの利害は完全に一致しています。バンガードのファンドに投資している人々は、バンガードという会社のオーナーのようなものなのです。

逆に、ほかの運用会社には、仕えるべき主人が2人います。会社のオーナーとファンドに投資している人々です。両者の利害は常に一致するとは限りません。一致しないことのほうが普通の状態と言えるかもしれません。

この違いを理解するために、ほかの運用会社の構造を見てみましょう。

1つは家族経営で少数の株主が会社を所有しているフィデリティのような企業。もう1つは、株式を公開し、多数の株主が所有している企業。ティー・ロウ・プライスなどです。

どちらの場合も、企業のオーナーは、適正なリターンを期待します。その利益は投資ファンドの運用で生み出されます。ここで言う利益は、ファンドを運用するコストを支払ったあとに残る利益です。そのコストとは、従業員の給与や賃料、消耗品費などです。

ファンドの運用は、いわば企業のオーナーに渡す利益を生み出すために行っている事業なのです。ファンドに投資している人々が支払う手数料がこの企業の収入になります。フィデリティやティー・ロウ・プライスなどのバンガード以外のファンドに投資していると、ファンドを運用する費用と運用会社のオーナーのための利益の両方を支払っていることになります。

もし私がフィデリティやティー・ロウ・プライスなどの企業のオーナーであれば、手数料を求め、さらに、投資によって生まれる利益もできるだけ多く求めます。もし私が彼らのファンドに投資していたら、手数料はできるだけ低くあってほしいと思うでしょう。ところが、手数料はできるだけ高い水準に設定されているのです。

このモデルは、本質的に悪いことは何もありません。ほとんどの企業は、同じように運営されています。ｉＰｈｏｎｅを買った場合、その価格の中には、商品のデザイン、製造、運送や販売に関わるすべてのコストが含まれていて、その上にアップルの株主に支払われる利益も乗っています。アップルはｉＰｈｏｎｅの価格をできるだけ高く設定し、コストを支払っても利益を上げるようにし、つくれるだけつくって売りまくろうとします。ファンドの運用会社も同じです。

フィデリティやティー・ロウ・プライスを例に挙げたのは、どちらもすばらしい成績を上げているファンドを提供しているからです。しかし、彼らは企業のオーナーのために利益を上げることを考えなくてはならず、これがバンガードと比較すると、大きなコストとしてのしかかってきます。ほかのすべての運用会社も同じです。

私たち投資家にとってボーグルがすばらしいのは、企業のオーナーシップを彼らが運用するファンドに移したことです。私たち投資家は、ファンドを保有しているので、それを通して、実質的にバンガードを保有していることになるのです。

バンガードでは、私たちが支払う手数料によって生み出される利益は、結局、私たちの財布に戻ってきます。手数料を上げて会社としての利益を出しても、それが結局、私たちに戻ってきて、私たちはそれに対する所得税を払うことになります。したがって、バンガードはこのお金の動きを抑えて、実際に掛かるコストだけをベースにして運用しています。こうして、ファンドの運用に必要なコストをまかなえるだけの最低レベルの手数料を設定することになるのです。

具体的にどうなるかといえば、運用の費用は経費率で示されます。バンガードの平均経費率は0・8%です。業界の平均は1・01%です。この差は大きいと感じないかもしれませんが、長い期間では大きな違いを生み出します。結果的に、バンガードは手数料が低いだけでなく、運用成績もよいということになるのです。

バンガードでは、あなたがファンドのオーナーであり、同時にバンガードのオーナーでもあるのです。あなたとバンガードの利害関係は完全に一致しています。投資の世界では稀であり、とてもすばらしい存在です。

2　1つの企業にすべての資産を任せて安心していられるのはなぜか

答えは簡単です。私の資産の投資先はバンガード社ではないからです。私の資産はバンガードのファンドに投資することを通じて、個々の株式や債券の集合体に投資されています。まずありえないことですが、もしバンガードが崩壊したとしても、バンガードが投資している資産はそのまま残ります。投資した資産はバンガードという会社とは別に存在しています。もちろん、どんな投資にも、それぞれのリスクが伴いますが、それらのリスクはバンガードとは無関係です。

さて、ここから話は複雑になっていきます。ごく少数だと思いますが、興味をお持ちの方は、グーグルで調べれば、もっと多くの情報が見つけられることをお伝えしておきましょう。

ここで知っておいてほしい重要なポイントは、バンガード自体に投資しているのではなく、バンガードが運用しているいくつかのファンドに投資しているということです。

・バンガードのファンドは、会社とは別の勘定として保有されています。それぞれのファンドが不正行為に対する保険に入っていて、ファンドごとに運営責任者たちが目を光らせています。文字どおり、それぞれのファンドが独立して運営されている「別々の会社」であり、そのすべてがバンガードという大きな傘の中にいるということです。
・バンガードの従業員は、誰も、あなたの資金に手を付けることはできませんし、盗み取ることもできません。
・バンガードは証券取引委員会（SEC）の規制の下にあります。

ところで、ここに述べたことは、どのファンドにも当てはまります。フィデリティでもティー・ロウ・プライスでも、どこでもそうです。あなたの確定拠出年金の選択肢として提供されているすべてのファンドも同じです。

あなたの勤め先が提供する確定拠出年金にバンガードが選択肢にない場合も、そこに投資すべきです。税の優遇と会社からの補助があれば、投資するファンドがすばらしいものでなくても、また手数料が高くても、魅力ある投資になります。

3　バンガードが核攻撃を受けたらどうなるか

はっきりさせておきましょう。もし世界の終わりが訪れたとしたら、あなたがバンガードに投資をしていても、あるいは別のところに投資していても、すべては煙と消えるでしょう。巨大な隕石《いんせき》が地球にぶつかり、大火災が発生し、その後のダストによって地球が冷えてしまうことがあれば、あなたの投資はなくなってしまいます。宇宙人が侵略してきて、地球人を奴隷にしてしまったら、あなたのポートフォリオはめちゃくちゃになるでしょう。

しかし、どれもありえないことですし、私たちにはどうしようもないことばかりです。この本で扱う事柄とは言えません。

とはいえ、もっと小規模の災害は発生します。バンガードはペンシルベニア州のマルバーンという町にあります。テロリストがこの町に核攻撃を仕掛けてきたら、どうなるでしょうか。サイバー攻撃はどうでしょうか。ハリケーンの襲来や大規模な伝染病の発生や停電はどうでしょうか。

どの企業もこれらの危険は意識していて、災害時の復興プランを持っています。バンガードには非常に包括的なプランがあります。会社自体は複数の場所に分散しています。データも複数の多重システムで保存しています。気になるのでしたら、彼らのウェブサイトで確認できます。

しかし、もしあなたが地球や人類の文明を滅ぼすほどの出来事を想定しているのなら、バンガードではそれに応えられません。それに応えられる投資方法などどこにもありません。あなたはたぶん、すでに地下のシェルターに缶詰を積み上げていることでしょう。そこまで心配しているのでないなら、バンガードに資産を投じておけば、安心して眠れます。私のように。

4　私はバンガードから何かもらっているか

この本ではバンガードのことを強く推していますので、この質問が出ることは十分に予想できます。答えは「ノー」です。

これを書いていることをバンガードは知りませんし、彼らが私のブログに広告を出すこともありません。どんな形でも、彼らが私に報酬を払ったことも払うこともありません。

19

ケーススタディ：最もシンプルな投資の実践

さて、コンセプトと戦略を議論してきました。ゼロからスタートする人なら、それを採り入れて実際の投資に取り組むことはやさしいかもしれませんが、ほとんどの読者の皆さんは、すでに投資に取り組んでいるでしょう。私の説明とは違うやり方をしたり、後悔したくなるような失敗をしたりしているかもしれません。投資している資産の種類が多すぎて、こんなに複雑にしなければよかったのにと思っているところかもしれません。

すでにやってしまったことは仕方がないので、それを前提として考えるしかありません。その上で、私が説明したアイデアを実践するにはどうしたらよいでしょうか。

もちろん、この本の読者一人ひとりに対応することはできません。しかし、私のウェブサイトに登場した実際の投資家のケースを紹介することはできます。以下に紹介する投資家の質問は、説明を明確にするために修正を行ったこと以外、すべて実際のものです。

投資家からの質問

私は26歳です。大学を卒業してから、経済的にきちんとしようと決心しました。幸い、すばらしい仕事を見つけることができ、借金はありません。収入の24％を蓄えに回し、投資を頑張ろうと考えています。

私の祖父母は孫が生まれると、一人ひとりに投資のベースになる資金を渡してくれました。子供の頃はアドバイザーが運用してくれていましたが、あなたのアドバイスを読んでから、もっとうまくやれると思うようになりました。現在は3万5000ドルを12のファンドに分散させています。

最初に、いくらの資金を私に置いてくれたのか、祖母はもう正確に覚えていません。新しく孫が生まれると、先に生まれていた孫がそのとき持っているのと同じ金額を新しい孫にも渡していたそうです。記録が残っているのは1994年からです。その年の初めに6700ドルが口座にあり、祖父母は2万5000ドルになるまで毎年1000ドルを追加してくれました。1994年時点で、株式と債券に半々に投資していました。祖父母は大恐慌を経験していたので、株式を全面的に信用していませんでした。

私が勤めていた企業は、403（b）（非営利団体職員向けの確定拠出年金）というプランを提供していて、給料の2・5％までの投資については会社が補助を出してくれます。現在、収入の3％をこのプランに入れています。バンガードのトータル・ストック・マーケット・インデックスファンドを選ぶことができます。

私の年収は税込みで7万ドルです。そのうちの24％を蓄えに回しています。20％以上は貯蓄することを目標にしていますが、ほかにもやりたいことが出てくると15％に落とさないといけないかもしれません。いつ引退するかはまだ考えていません。早く引退できるといいのですが、時期は未定です。ロスIRA（アメリカの個人退職口座。課税後の所得から積み立てるので、引き出し時には非課税になる）を使おうと思います。

ファイナンシャル・マネジャーを使うのをやめて、すべてのファンドを解約し、VTSAXを買うというのがあなたのアドバイスでしょうか。その際、税金の扱いがどうなるのかを十分に理解できていません。

間違っていたら教えていただきたいのですが、年間限度額の5500ドルをロスIRAに入れて、あとは通常の口座に置くのでしょうか。そして403（b）、ロスIRA、通常の口座のすべての投資をVTSAXに向けるということですね。

私のファンドに最適な方法はなんですか。資金をバンガードに入れたあと、緊急用の備えとして毎月1000ドルが手元に残ります。これは毎月投資するのか、あるいはもっと大きな金額になるまでまとめたほうがよいのですか。ドルコスト平均法という言葉を聞いたことがありますが、よく知りません。アドバイスをお願いします。

まず、私はこう返事をしました

最初にお祝いを言わせてください。あなたにではなく、あなたのおじいさんとおばあさんに、です。最大の賛辞をお贈りしたいと思います。ぜひお二人にお伝えください。

お二人があなたやほかのお孫さんたちに投資の種になる資金を出してくれたことから、いろいろなことがわかりました。お二人はご自身の生活において経済的に自立していて効率的に生きていらっしゃいます。非常に寛大ですし、あなたのプランと質問を読むと、おじいさんとおばあさんの考え方がお孫さんたちにきちんと受け継がれていることがわかります。もしまだでしたら、お二人をディナーにお連れしてください。もうやっていたら、もう一度やってください。

彼の状況は、投資プランを検討するのにとても有効

まず、彼の状況を整理しましょう。

①スタートする資金として3万5000ドルがあります。
②年収は7万ドル。そのうちの24％、1年間に1万6800ドルを蓄えに回しています。
③今後、蓄えは20％（1万4000ドル）にしたいと考えていますが、私はもっと引き上げることを勧めたいと思います。
④よい仕事に就いていて、雇用主は403（b）というプランを提供しています。
⑤借入金はありません。
⑥いつ引退するかは未定です。まだ26歳ですから当然でしょう。しかし、彼は「会社に縛られないお金」の大切さを理解しています。
⑦今後、投資をどう増やすべきか、とくにドルコスト平均法について知りたがっています。

最初に、どの投資を選ぶかを考えましょう。彼の勤め先の投資プランには、バンガードが選択肢として入っていました。彼が興味を持っているバンガードのトータル・ストック・マーケット・インデックスファンドを選ぶことができます。これこそが、すべての資金を投資すべき対象です。彼は資産を積み上げるステージにいたので、ぴったりです。

Ｐａｒｔ２の17で、このファンドと同じポートフォリオになる商品が３つあると書きました。アドミラル・シェア、インベスター・シェア、そしてＶＴＩです。費用が最も安いＶＴＳＡＸを使えるのはアドミラル・シェアですが、最低投資額は１万ドルです。インベスター・シェアでは、ＶＴＳＭＸを使います。投資するポートフォリオはＶＴＳＡＸと同じですが、アドミラル・シェアよりも費用が少し高く、最低投資額は３０００ドルです。

彼は、使えるならアドミラス・シェア、そうでないときはインベスター・シェアを使うべきです。バンガードでは、口座残高が１万ドルになると、自動的にコストが最も低いアドミラル・シェアに移してくれます。

このファンド１つだけに投資していれば、株式を公開しているアメリカ国内のすべての企業に投資しているのと同じポートフォリオを持っていることになります。これらの企業の大多数が海外で大規模な事業を展開しているので、海外市場への投資もできていることになります。たった1つに投資するだけで、資産を積み上げるのに最も強力な「株式」を幅広く分散させる形で保有できるのです。資産の100%を株式に投資することは、とても攻撃的で積極的だと考えられていますが、これこそ資産を積み上げるステージでは必要なことです。

ただし、これまでに書いたとおり、でこぼこの道を激しく揺られながら進む旅路が待っています。でも、彼はこの道を進み続けるでしょう。26歳の彼には、これから何十年もの時間があります。

そのうちに彼も引退を考える日が来ます。65歳よりもあとなのか、あるいは「会社に縛られないお金」を35歳で手に入れて早々に引退を考えるかもしれません。時期はともかく、彼が債券をポートフォリオに組み入れようと考える日も来ます。でも、今はまだ資産を積み上げるステージです。株式にこそ投資すべきであり、VTSAXに資金を投入するのがベストです。

次に考えるべきこと

次は、さまざまな投資の中で、どこからＶＴＳＡＸへの投資に振り分けるかという問題です。望ましいものから並べると、次のとおりです。

①４０３（ｂ）の従業員向け投資プラン

彼は大学に勤めているので４０３（ｂ）になります。一般の企業に勤務している人の４０１（ｋ）に相当します。給与の３％までの投資については税金を繰り延べでき、雇用主が２・５％の補助を出してくれます。これは彼がもらえるお金です。このルートが第１の選択肢になります。

②税金免除のＩＲＡ（個人退職口座）

投資が免税となり、投資で得た利益への課税は繰り延べられます。どう投資するかは完全に彼の自由であり、なんの制約もないことが大切なポイントです。バンガードでＩＲＡを開いてＶＴＳＭＸやＶＴＳＡＸを選べばよいのです。

彼の場合ではありませんが、403（b）は非常に優れているので、従業員向けの投資プランによい選択肢がない場合には、株式市場全体かS&P500をフォローするインデックスファンドに近いものを見つけるようにしましょう。このようなファンドは、選択肢のどこかに必ずあるはずです。雇用主の補助があるなら、その最大限の金額をこれに投資しましょう。アメリカでは最大5500ドルまでなので、この枠を使い切りましょう。税の優遇が非常に優れていることを考えると、フルに活用しないというのはもったいない話です。

③再度、403（b）について

現在の法律では、彼は毎年1万8000ドルまで403（b）に投資できます。しかし、給与の3％だと、2100ドルしか投資に回せません。まだ1万5900ドルの投資が可能です。彼は収入の20％、つまり1万4000ドルまでを蓄えに回すつもりですから、403（b）プランに6400ドルを追加投入することになります。2100ドル＋5500ドル＋6400ドルで合計1万4000ドルになります。しかし、私は彼にもっと蓄えに回すことを提案したいと考えています。

別のやり方として、彼は403（b）プランに、当初の2100ドルに1万5900ドルを追加して合計1万8000ドルにすることもできます。これにIRAへの5500ドルを加えると、合計2万3500ドルになります。収入の33・57%を蓄えに回したことになります。

ここまで彼の税引き前の収入をベースに計算をしています。税引き後の収入をベースにしたほうが、彼が実際に使える金額なのでよいとする意見もあるでしょう。しかし、税の計算は複雑で、税引き後の収入は税引き前の数字からさまざまに変わる可能性があります。税引き前の数字を使うほうがシンプルな上に、より多くを蓄えようという気にさせる点でも、この本の趣旨に合っていると思います。

経済的自立を達成しようと思っている人々にとって、税の優遇というチャンスをフルに活用することは必須条件です。それによって、蓄えに回す比率を大きくしたまま、スタートラインに立つことができます。ただし、これで終わりではありません。

④通常の口座

税の優遇が受けられる部分以外で使う、通常の投資口座です。配当やキャピタルゲインに対して、毎年、所得税を支払わなくてはなりません。しかし、優遇された口座と違って、この口座にある資金はなんの制限もなく、いつでも使えます。現在、彼の3万5000ドルはこの口座にあるいくつかのファンドにばら撒《ま》かれています。これをVTSAXにまとめるときに、問題が生じます。

現在、所有している12のファンドの価値が上昇しているとすると、キャピタルゲインが発生します。彼の投資額はまだ大きくなく、キャピタルゲインに対する現在の税率は低いので、そのままでも大きな問題ではありません。しかし、投資額がもっと大きくなれば、もっと複雑な判断が必要になります。その場合、現在の投資と、税金を踏まえたコストを十分に分析しなければなりません。

彼の貯蓄率は現在24％です。緊急時のための手元資金が必要ですから、彼はこれを20％に引き下げようと考えています。平均的なアメリカ人と比べれば、すばらしい水準です。しかし、彼の目標から考えれば、再考が必要です。私は貯蓄率50％をお勧めしますが、「会社に縛られないお金」の目標をとにかく早く達成したいと考えているなら、70～80％も視野に入るでしょう。

彼は借金ゼロで、すでに蓄えがあり、若くて子供はいません。次の段階に進むために、これほどよい条件はありません。少なくとも、給与の上昇分は投資に向けるようにしておかなくてはなりません。今のうちに手を打っておけば、将来、彼が悩むのは、蓄えたお金の使い方だけになるでしょう。

それでは、ここまでの話をベースにして、具体的な数字を当てはめて、どんなオプションがあるかを見ていきましょう。

オプション1　貯蓄率24％

貯蓄率を20％に下げる話は忘れましょう。彼の目標に沿うことではありませんから。

彼の投資の元手である祖父母からの3万5000ドルは、キャピタルゲインの税金を支払った上で、直ちにＶＴＳＡＸに移します。過去40年間（1975年1月から2015年1月まで）の市場の平均利回りは年11・9％でした。この利回りだと、彼の資金は6年で2倍になります。彼が62歳になる36年後までに、2倍になることが約6回起きます。ざっと計算すると、今後、まったく追加投資をしなくても、彼の手元には200万ドルが蓄えられているはずです。68歳までにもう一度、2倍になる時間があるので、約390万ドルまで膨れ上がります。

複利のパワーはすごいでしょう。おじいさんたちにディナーをご馳走するようにアドバイスしたのも頷《うなず》いていただけると思います。

この間に、彼は追加投資を行うでしょうから、最終的にはもっとすごい結果になります。現在の24%という貯蓄率のままであれば、年収7万ドルのうち1万6800ドルを毎年投資に回せます。

彼の403(b)プランでは、彼が投資をすると、雇用主から補助が出ます。彼が給与の3%を投資すれば、雇用主は2・5%を出してくれます。彼の投資が年間2100ドルで、雇用主から1750ドルが追加されます。これらもVTSAXに投資されます。もしVTSAXが選択肢に入っていなかったら、それに最もよく似たファンドに投資することになります。

免税のIRAに毎年5500ドルを入れます。これはVTSMXに投資され、1万ドル以上になるとVTSAXへの投資に変わります。これで、彼が投資する予定の1万6800ドルのうち7600ドルは403(b)とIRAに投資されます。そして、残る9200ドルも403(b)に入れるといいでしょう。

魅力ある投資の順に書いてきましたが、彼が実際に行う投資をまとめるとこうなります。

①４０３（ｂ）プランに年間１万１３００ドル投資（２１００ドル＋９２００ドル）
②ＩＲＡに年間５５００ドルを投資

オプション２　貯蓄率50％

もし彼が貯蓄と投資にもっと真剣に取り組むようになったとしたら、どうなるでしょうか。ここでもスタートは祖父母からの３万５０００ドルです。今度は、その上に、年収７万ドルの50％、３万５０００ドルが毎年追加されます。

まず、４０３（ｂ）プランに、年収の３％、２１００ドルが入り、雇用者からの２・５％の補助が加わります。免税のＩＲＡで５５００ドルがＶＴＳＭＸに投資されるのもオプション１と同じです。

ここまでで４０３（ｂ）とＩＲＡに７６００ドルが投資されますが、今回はさらに２万７４００ドルを追加します。４０３（ｂ）に１万５９００ドルを追加投入し、最初の２１００ドルと合わせて、４０３（ｂ）の限度額の１万８０００ドルを投資します。

まだ1万1500ドルあります。これを通常口座のVTSAXに投資し、祖父母からの資金に上乗せします。

オプション2で、資産を積み上げるスピードがどれくらいになるかを想像するのは難しくありません。税金の優遇をフルに活用し、通常の口座でも積み上げていくわけですから。

もちろん、これを実現するためには、年収の半分で暮らせるように、生活を再構築する必要があります。3万5000ドルで1年間生活するのは大変だと感じる読者もいることでしょう。それだけあれば十分という人もいるでしょう。とにかく、これは十分に達成可能な水準です。要するに、何を選択し、どう優先度をつけ、経済的自立をどれだけ重視するかということです。

ちなみに、年収3万5000ドルは、世界の給与水準で見ると、上位0・81%になります。世界の上位1%以内です。ご自分の給与がどのあたりかを見たい場合は、「グローバルリッチリスト」（www.globalrichlist.com）をご覧ください。

最後に、細かい作業について簡単に触れておきます。多くの人と同じように、彼も給与から投資をしています。彼の場合は403（b）プランとIRAですが、それ以上の投資は祖父母からもらった3万5000ドルを入れている通常の口座に回ります。長い期間で見れば、実質的には、均等な金額を投資するドルコスト平均法の形になっています。これについてはＰａｒｔ３の23で考えます。

彼の４０３（ｂ）プランのすばらしいところは、口座を開いてしまえば、あとは投資が自動的に行われることです。ＩＲＡや通常の口座では、少し作業があります。定期的に資金を追加することを覚えておくか、バンガードの自動口座振替の手続きをしておくかのどちらかが必要になります。私は自動口座振替を行っています。このほうが簡単ですし、継続することが容易です。

もう、おわかりでしょう。シンプルな道を歩んでいけば、「会社に縛られないお金」は気づかないうちに貯まっていき、働かなくてもよい状況になるのです。彼が祖父母の年齢になる頃には、彼自身の孫たちに十分なお金を渡せるようになっているでしょう。その頃、彼は億万長者として寄付をどうするかも考えているかもしれません。このテーマはＰａｒｔ４の27で考えます。

20

投資アドバイザーを好まない理由

他人のお金を管理することが大きなビジネスになっています。それを仕事とする人々にとって、とても儲かる商売なのです。

投資したり、資金を管理したりすることは、多くの人にとっては、やりたくないけれど、やらざるをえないことです。とても複雑に見えるので、よい結果を出してくれそうなプロに任せたいと考えてしまいます。

しかし、多くの投資アドバイザーは、よい結果を出してくれません。投資が複雑に見えるのは、金融業界が苦労して複雑に見えるようにしているからです。確かに複雑な投資もあります。しかし、この本でおわかりのように、インデックス投資はシンプルであり、しかも、より効果的なのです。

アドバイザーは、うまくいっても高い手数料がかかります。下手をすると、あなたの資金をなくすことになります。グーグルで「バーナード・マドフ」を検索してみてください。アドバイスが欲しいなら、よく注意して、自分でコントロールすることを忘れないでください。あなたのお金です。あなたよりも注意して扱ってくれる人はいませんよ。

ところが、他人の手に委ねようとする人が、なんと多いことでしょう。そんなことをしてはいけません。

私は、投資アドバイザーという言葉に、ファンドマネジャーやブローカー、生命保険のセールス（ファイナンシャルプランナーという言葉で正体をごまかしている）なども加えて考えています。つまり、あなたのお金を管理することで収入を得ている人々です。

まじめで正直、自分よりもお客のことを優先して考え、よく働くアドバイザーもいるだろうと思います。実際に私はそのようなアドバイザーがいると確信しているわけではありませんが、そういう人が少しでもいるかもしれないということをフェアに考えて、こう書いておきます。しかし、こんな問題があります。

①アドバイザーの定義から考えて、アドバイザーと顧客の利害は相反する構造になっています。複雑で多額の手数料が乗っている投資商品を勧めたほうが、シンプルかつ低コス

トで効率のよい商品を売るよりも、ずっと儲かります。顧客のためにベストな投資をアドバイスするためには、アドバイザーは自分にとってベストでないことをしなくてはなりません。こんな振る舞いが可能なのは、聖人のような、めったにお目にかかれない人だけです。資産管理は、こうした聖人が行う職業ではないようです。

②この世界には、善意ではあるが、悪いアドバイスというものがよくあります。顧客の利益を優先するアドバイザーは、ジョー・ランズデールの小説から引用すれば、「洗礼を受けたガラガラヘビより珍しい」存在です。結局、ちっともよくないアドバイザーしか見つけられません。

③アドバイザーが引き寄せられるのは、顧客にとってのベストな投資ではなく、アドバイザーに最も高い手数料や管理料を払ってくれる投資です。実際、彼らは、雇われている企業から、そのような商品を売らざるをえない状況に追い込まれます。それらの投資は、当然、高くつきます。高くつく投資は、当然、よくない投資です。

④驚くことではありませんが、一生かけて貯めたお金には、詐欺師や泥棒が引き寄せられます。

アドバイザーがどうやって収入を得ているかを考えてみましょう。それが投資家にとって、どれだけマイナスに働くかを理解してください。再確認しておきますが、ここで採り上げているのは、明らかなペテン師ではなく、合法的に仕事をしている人々です。彼らが収入を得る方法は3つあります。

1　手数料

投資の売買をするたびに、アドバイザーは手数料を受け取ります。販売手数料（ロード）です。ここに、明らかな利益相反があることは容易に想像できるでしょう。

バンガードのファンドは「ノーロード」と呼ばれます。この手数料が課せられないのです。一方、アメリカン・ファンズなどはかなりの手数料を要求します。このファンドの場合、5・75％の手数料です。これがアドバイザーのポケットに直行します。あなたが1万ドルを投資しても、あなたのために働いて利益を生むのは、そのうちの９４２５ドルなのです。５７５ドルはアドバイザーが持っていきます。アドバイザーなら、どちらのファンドを勧めると思いますか。

販売してくれたアドバイザーに１％の仲介手数料を支払うファンドもあります。それも、買ったときの一度だけでなく、そのファンドを持っている間は、毎年、この手数料を払い続けることになります。アドバイザーがこのようなファンドを好むのは無理もありません。多くのファンドはこの仲介手数料と「ロード」の両方を要求します。

さらに、これらのファンドのほとんどは、アクティブ運用を行うので、経費率が高くなります。そのため、コストが低くて、自分で簡単に購入できるインデックスファンドよりも運用成績は悪くなる運命にあります。

これらのコストを積み上げると、どうなるでしょうか。ロードが５・75％、仲介手数料が１％、それに経費率が１・５％だとすると、８・25％が投資したその瞬間に差し引かれます。これは二度と戻ってこないお金であると同時に、そのお金が将来にわたって稼いでくれる利益も奪われてしまうことになります。ＶＴＳＡＸだと経費率は０・05％です。その違いには驚かされます。

保険の商品は、手数料が最も高いグループに入ります。つまり、アドバイザーが最優先してあなたに勧める商品です。あなたにとっては間違いなく、最も高コストの選択になります。年金保険や終身保険には手数料が10%のものもあります。しかも、この手数料は投資の裏に隠されてしまうので、まったく気づかれません。このような詐欺行為が合法に行われている理由はわかりませんが、それが実態です。

ヘッジファンドは、彼らの営業担当者と運用担当者をお金持ちにするために存在しているようなものです。それに投資した人はどうでしょうか。うまくいくときもあるでしょうが、たいした成績は上がりません。

バーナード・マドフという名前を覚えていますか。多くの人が彼に運用してほしいとお金を差し出しました。彼は非の打ちどころのない経歴を持ち、過去の運用実績も申し分ありませんでした。そして、「最高」のアドバイザーだけが、彼に取り次いでくれたのです。マドフはそんなアドバイザーに高額の手数料を支払っていました。その手数料は、もちろん投資資金を出した顧客が支払ったものです。あきれた話です。

説明はまだ終わりではありません。十分に注意していないと、あなたの口座で売買を繰り返すことで、さらに費用が発生することになります。頻繁に売買を繰り返せば、手数料はいくらでも膨らませることができます。これは違法な行為です。しかし、あなたの資産配分を調整するためだと説明することで、簡単にごまかせます。

2 運用受託モデル

手数料をめぐるアドバイザーの悪行が知れ渡ってしまった現在では、固定の管理料を取るモデルが一般的になってきています。資産規模にもよりますが、通常、年に1～2％を取るのが普通です。従来よりも客観的でプロフェッショナルな感じがするということで登場しました。

まず年率1～2％は、資産を増やす上でも、また投資資産をベースに生活しようとする上でも、大きな負担になります。投資の利回りはとても大事ですが、このモデルでも、アドバイザーがそれを掠《かす》め取っていくのです。

あなたが10万ドルを投資しているとしましょう。アドバイザーが興味を持つのは、最低、これくらいの金額を投資している人々です。さて、あなたが20年間投資し、年間の利回りが平均で11・9％だとしましょう。これは、前にも見た過去40年間の年平均利回りです。20年間の投資で、あなたの資産は94万7549ドルに増えます。なかなかよい成績です。この年間収益のうち2％を管理料として支払うことにすると、あなたのネットの利回りは9・9％になります。この利回りだと、20年後の資産額は66万623ドルになります。なんと28万6926ドルも減ってしまいました。

毎年2％の管理料を渡すことは、そのお金が将来にわたって投資され、利益を上げ、それが複利で成長していく金額も失ったということです。この点は、ぜひ強調させてください。これはとても大きな損失です。

さらに、ここでも利益相反の問題があります。このモデルは、手数料のモデルほど普及しているわけではありませんが、存在しています。

たとえば、あなたが10万ドルの住宅ローンを返済しようと考えているとします。あるいは、子供たちの大学資金として10万ドルを用意しようと考えているとしましょう。

アドバイザーはこれらのアイデアに反対するでしょう。そのアドバイスは、あなたの状況によっては、よい結果を生むこともあれば、逆の結果になることもあります。しかし、アドバイザーにとっては、あなたの10万ドルから1000ドル、2000ドルの手数料を手に入れる唯一のチャンスなのです。

3つ目のポイントとして、ほとんどのアドバイザーは、市場平均よりもよい成績を上げられないので、さらにあなたにコストを負わせることになります。アクティブ運用を行っているファンドは、インデックスファンドをはるかに下回る成績しか上げていないことが多いです。

任せたら最後、奇跡的にすばらしい運用先を選べたとしても、20年間くらいは、そのことを知る術はありません。

3 時間当たりの手数料

これは、アドバイザーには好まれないモデルです。顧客がアドバイザーを使う時間を短くしたがるからというのが理由です。確かに、その傾向はあります。これまで見た2つのモデルで手にする、売買時または年払いの手数料と同じだけの収入を得ようとすれば、膨大な時間が必要になるという側面もあります。

また、売買時や年払いの手数料は、口座から引き落とされるので、顧客は取られた感じがせず、あまり気にしないのだと、アドバイザーたちは言います。時間当たりの手数料は、コストパフォーマンスがよいとしても、その場で手数料を支払うことになります。顧客としては気分がよいことではないため、アドバイザーに支払う額を少なくしようとします。支払う金額が少なくなるのは、顧客にとって悪いことではないと思いますが。

そうはいっても、アドバイスが欲しいときに、その対価を支払うのは最もわかりやすい方法です。ただし、あなたが納得して支払うことが重要です。1時間当たり200～300ドルはよくある水準でしょう。お金を騙し取られることはないでしょうが、そのアドバイスがあなたの資産にとってよいものかどうかは、しっかり評価しなくてはなりません。

4　1～3のミックス型

最後の選択肢である、このミックス型をアドバイザーが採用している場合、その理由はあなたに役立つからではありません。

私からのアドバイスは、よいアドバイザーを選ぶのは、儲かる株式やアクティブ運用のファンドを選び出すことよりも難しいということです。

アドバイザーの質は、彼らが勧める投資商品の質と同じレベルです。私が勧めるインデックスファンドではなく、アクティブ運用のファンドをアドバイザーは勧めます。それは、インデックスファンドよりもよい成績を上げることができるのでしょうか。Part 2の8で見たとおり、その確率はとても低いのです。

調査結果を思い出してください。1年間だとアクティブ運用のファンドの2割弱が市場を上回っていましたが、30年間で見ると、アクティブ運用で勝ったのはわずか1％以下のファンドに激減します。もはや統計的には無視できる数字です。高い手数料を取るアドバイザーがあなたに勧めるのはそんな商品です。

あなたが投資の初心者なら、選択肢は2つあります。

①よいアドバイザーを選別する方法を学ぶ。

②よい投資商品を選別する方法を学ぶ。

どちらを選んでも、時間と努力が求められます。しかし、第2の選択のほうが比較的容易でコストもかかりません。この本を読めばおわかりいただけると願っています。

大いに皮肉なことに、投資では、シンプルなものほどコストが低く、より大きな利益を上げてくれます。複雑な投資は、それを売る人々や会社に利益をもたらします。

覚えておいてほしいのは、あなたの資産について、あなた以上に気にかけてくれる人はいないということです。自分自身で資金管理ができるようになれば、アドバイザーを選別するよりも、楽に、はるかに低いコストで、よりよい成果を得られるのです。

Part 3

なぜ、ほかの投資はよくないのか

「知恵は経験を通して得られる。経験は、
しばしば知恵の欠如が生む結果である」
（テリー・プラチェット）

21

ジャック・ボーグルとインデックスファンドに対するバッシング

もし誰かが「私の資産形成に対して最大の妨げになったものは何か?」と質問したら、とんでもなく長い期間にわたってインデックスファンドの考え方に私が強く反発していたことだと答えるでしょう。インデックスファンドへの反論を耳にすると、それは私自身の言葉となって、頭の中で繰り返しました。

長い間、インデックスの考え方が反発されてきた理由はなんなのでしょうか。その背景から見ていきましょう。

ジャック・ボーグルがバンガード・グループを創設したのは1974年でした。彼は低コストのインデックスファンドをつくり出した人であり、私にとって英雄的な存在です。

あなたが富を得て経済的に自立したいと努力しているのなら、あなたにとっても同様の存在であるはずです。

彼が登場する前の金融業界は、顧客がコストを負担し、金融商品を売る側に一方的に利益が落ちるようになっていました。今でも事情はほとんど変わっていません。

そんな中、ボーグルが登場しました。彼は、株式銘柄選別や各種のアドバイスは無意味であり、資産形成にとっては有害かつ高コストだと暴露したのです。当然、ウォールストリートからは抗議の声が沸き起こり、彼への中傷が続きました。

これに対してボーグルは、まずS&P500インデックスファンドをつくりました。ボーグルの新しいファンドが現実の世界で彼の理論の正しさを証明し続けても、業界の歯ぎしりは止まりませんでした。

何年かを経て、彼の正しさを証明する実績が積み上がってくると、非難の声は小さくなっていきました。非難するほうが愚かに見えるようになったのでしょう。たいした成績も上げないのに、高い手数料を支払うことがだんだん受け入れられなくなるにつれて、ほかのファンド運用会社も、顧客をつなぎ止めるために低コストのインデックスファンドを提供するようになりました。これらの会社のサービスに心がこもっているとは信じられないので、私がバンガードから他社に資金を動かすことはありませんが。

投資会社の利害は株主の利益と一致すべきだというのがバンガードの基本コンセプトです。当時としては画期的なアイデアであり、現在に至るまで、その考え方に基づいているのは、この会社だけです。だから私はバンガードだけを推すのです。

インデックス投資の基本は、市場の利回りを上回る株式銘柄を選び出すのは極めて困難なので、インデックスを構築するすべての株式を買うことでよい結果を得ようという考え方です。この考え方は、当初、激しく嘲笑されましたし、今でもそういう人々は存在します。

しかし、過去40年の間ずっと、ボーグルのアイデアの正しさが確認されてきました。その結果、インデックスファンドへの投資は増え続けています。株式銘柄選別に最も優れているあのウォーレン・バフェットでさえ、自分が亡くなったら、妻の信託財産はインデックスファンドに投資するように勧めている、と発表しています。

バークシャー・ハサウェイの2013年の株主総会におけるバフェットの手紙には、こう書かれています。

「私からのアドバイスはシンプルです。資金の10％を容易に現金化できる短期政府証券に投資し、残る90％は低コストのS＆P500インデックスファンドに投資する（私ならバンガードを勧めます）。

この方針でいけば、信託資産は長期的に見て、高給でファンドマネジャーを雇っている投資家（年金、機関投資家、個人を問わず）のほとんどよりもよい成績を上げるでしょう」

これだけ正しいという証明が積み上がっているのに、今でもインデックス投資を非難する人々がいるのは、なぜでしょうか。Part2の11で見たように、その奥底にあるのは、人間の貪欲さ、心理的要素、そしてお金の問題です。

簡単に言えば、アクティブ運用をしているファンドとそのマネジャーが手放すには大きすぎる資金と人間の心理的な弱さがそこにあるのです。インデックス投資の考え方が広く受け入れられるようになっても、この本を書いている時点で、4600の株式投資ファンドが存在しています。それらのファンドの投資対象であるアメリカの上場企業は3700社しかありません。Part2で見たとおり、株式に投資するファンドの数は、それらが投資している株式の銘柄数よりも多いのです。

ウォールストリートでは、新しい商品や投資スキームが次々と生み出され、皆さんの前に登場します。一方では、失敗したファンドは人知れず消えていきます。でも、勘違いしないでください。新しいファンドやスキームは、提供する側の人々の財布を厚くするために生み出されるのであって、あなたの財布を厚くすることは目指していません。私からアドバイスさせてください。

「ジャック・ボーグルが生み出したインデックスファンドと会社を使って、あなたの資産を守りましょう」

22

株式銘柄をうまく選択できない理由

株式銘柄をうまく選択できないと言われても、気分を害さないでください。プロの投資家でもまずできないのですから。

インデックス投資vs.アクティブ運用の戦いは、少なくともほかに取り柄のない株式オタクの私のような人間にとって、いつもワクワクさせられる話でした。私は戦いの両サイドを経験しました。長い間、私はインデックス投資を笑いものにしていたのです。よほどひどいものをつかまなければ、平均的な数字よりもよい成績を上げられるはずだと思っていました。それは簡単なことではありません。しかし、１９８９年の夏の時点で、私はまだ勝負に勝てると信じていました。

出張の帰りの飛行機で、投資関係の調査をしている人と隣り合わせになりました。着陸する前に、彼は私に「一緒に働かないか」と勧誘してきました。その際、推奨の銘柄を聞いてみると、3つ教えてくれました。

その中の1つを買ってみました。それから数週間のうちに株価は3倍になり、その間に、私はそこに入社しました。「給与は関係ない、情報の中にお宝がある」と思いながら。

会社には、優秀なアナリストが次々と入社しました。それぞれが1つか2つの業界を担当し、各業界の6～10社に焦点を当てて分析していました。何人もが「アナリスト・オブ・ザ・イヤー」に選ばれました。トップクラスの人間が集まっていたのです。

彼らは、担当する業界と企業について、隅から隅まで知っていました。経営陣は知り合いです。従業員も顧客もよく知っていました。会社の受付嬢とも知り合いで、会社の人々と毎週、いや毎日会っていました。

アナリストたちは、重要な情報を人より早く知っていたのではありません（それを知っていたらインサイダー取引です。絶対確実な情報ですが、違法です）。しかし、いつ、どうやって、そうした情報が出てくるかは正確に把握していました。もちろん、世界中のライバル会社のアナリストも同じです。よって、新しい情報はあっという間に株価に織り込まれます。

アナリストたちが書くレポートに、機関投資家は高いお金を払います。それでも株価を正確に予測することはとても難しいのです。

あなたが大企業に勤めていたら、理由はすぐにおわかりでしょう。企業のＣＥＯやＣＦＯが使う財務の予測数字は、自分たちのチームが作成したものだからです。通常、次のようにしてつくられます。

営業担当者は顧客ごとの売り上げ予想を求められます。将来の売り上げは見通せないし、キャンセルされることも多いので、あてになりません。しかも、まだビジネスとして成功するかわからない商売の種もあります。そんな中で、売り上げ予想を求められるのです。

営業担当者は予知能力など持っていません。推測するだけです。推測された数字が管理職に上がってきます。彼らも未来を予知できませんし、自分なりの予測に基づいて判断します。

こうして、できあがった数字を額面どおりに受け取れますか。この人は楽観的だ、あの人はいつも悲観的に考えるなど、個別の事情を勘案して修正を加えると思いますか。結局、管理職も自分なりに推測した数字を上司に上げます。

本質的には見通せない将来についての推測が集められて、経営計画として企業のトップに届けられるのです。彼らが一目見て、「これではダメだ。こんな数字をウォールストリートに見せるわけにはいかない。もっとよい数字を出してくれ」と言うことになるのは日常茶飯事です。指示系統を何度か行き来して、現実からはるかにかけ離れた数字に変わっていきます。

将来の予測については、たとえ企業内の圧力を受けない有能な霊能者であっても、極めてあいまいな判断しかできません。

銘柄選別について、私は自信過剰であることを突如はっきりと認識しました。

本を何冊か読み、有価証券報告書などの財務レポートを読めば、少しはマシになるでしょうか。仕事として毎日それらを読み込んでいるアナリストたちを上回り、さらに調べている企業の経営者をも凌《しの》ぐことが可能でしょうか。

このように考えていくうちに、大人気のファンドマネジャーであっても、長期間にわたって単純なインデックスファンドを上回ることはほとんど不可能だということに私は気づいたのです。

そして、何冊か本を読めば、バフェットのやったことを再現できるというコメントを耳にして、とんでもないと思うようになりました。本と言えば、おそらく、バフェットの師匠であるベンジャミン・グレアムの『賢明なる投資家』が読むべき本の代表なのでしょう。あれはすばらしい本です。証券分析に興味があれば、ぜひお読みになるとよいでしょう。

しかし、グレアムがあの本を書いた１９４９年は、ジャック・ボーグルの最初のインデックスファンドが生まれる25年も前なのです。アクティブ運用を行うファンドもまだごく稀でした。個別の株式銘柄の選択が今よりも必要で、役に立つスキルだった頃の話です。１９５０年代になると、すでにグレアムはインデックスの考え方を温め始め、１９７０年代半ばにはもう採用していたのです。

個別の銘柄で、市場全体よりもよい成績を容易に上げられるという考え方は「戯言」です。とても危険な戯言です。人々は何十年もそれを試みましたが、それができるのは、結局、ウォーレン・バフェットただ一人なのです。このように考えてはどうでしょうか。

モハメッド・アリを覚えていますか。当時のボクシング界では、彼がウォーレン・バフェットでした。彼のトレーニングプログラムを真似することは、あなたや私にも可能でしょう。

アリのトレーナーだったアンジェロ・ダンディーを雇ってコツを教えてもらうこともできるかもしれません。身体を鍛え上げ、課題をこなし、ボクシングを学べるでしょう。そうした努力をしたとして、リングに上がってジョー・フレージャーやジョージ・フォアマン、ソニー・リストンと対戦しますか。

私は嫌です。私はアリではありません。ウォーレン・バフェットでもありません。あなたもそうでしょう。もし、あなたがバフェットその人である場合は、この本を手にとっていただいたことに感謝します！

Ｐａｒｔ３の21にあるように、ウォーレン・バフェットのアドバイスは、低コストで幅広く分散しているインデックスファンドに投資することです。グレアムが生きていたら、同じことをアドバイスしたでしょう。

あなたが平均を上回る成績を上げたいと思っているのなら、神のご加護がありますように。あなたは私よりはるかに頭がよくて、才能に恵まれているかもしれません。私よりカッコいいことは確かでしょう。そして近い将来、あなたの名前がウォーレン・バフェットと並んで称えられるといいですね。

同じことは、ラスベガスのカジノで勝ったと主張する人々にも当てはまります。巨額のお金が飛び交うカジノで、私より賢く才能があり、カッコいい人々がどれだけいたことか。

そんなことを願うよりも、謙虚な気持ちが大切です。謙虚さはあなたの身を守り、あなたのお金を守ってくれます。

23

ドルコスト平均法を好まない理由

人生の中では、大きな金額を手にして、投資に回すという、うれしい悩みを抱えることがあるかもしれません。遺産を相続したとか、ほかの資産を売却してお金が入ったとか、どんな理由であれ、全部を一度に投資してしまうことは、怖くてあまりできないのではないでしょうか。これについてはＰａｒｔ１の５でも触れています。

市場が上げ相場で、連日、高値を更新していたら、価格は上がりすぎているように見えるでしょう。下げ相場だと、どこまで下がるかを見通せないまま投資することに不安を感じるでしょう。もう少し見極めたいと思って様子を見ようとするでしょうが、ここまでお読みいただいておわかりのとおり、見極めがつく日は絶対に来ません。

この悩みへの最も一般的な回答として、ドルコスト平均法があります。資金を少しずつ市場に流し込むのです。もし市場が暴落した場合には、あなたの痛みが少し和らぐという考え方です。私はこの考え方が好きではありません。まず、それがどんなものかを見てみましょう。

ドルコスト平均法では、資金を均等な額に分割し、一定の期間に少しずつ投資していきます。あなたが手元に12万ドルを持っていて、ＶＴＳＡＸへの投資を考えているとします。この本を読んで、あなたは市場が大きく変動するものだと理解しています。市場は突如、暴落します。それはあなたが12万ドルを投資した次の日に起こるかもしれません。よくあることとは思えませんが、そうなったら、あなたはとても惨めになるでしょう。そう考えて、あなたは全額を一度に投資することをやめ、ドルコスト平均法でこのリスクを回避しようとします。

まず12万ドルを投資する期間を決めます。たとえば、これから12カ月としましょう。資金を12分割して、毎月1万ドルを投資します。最初に投資した直後に市場が下落した場合、あなたの手元に残っている11回分の資金は、初回の投資よりもよい成績を上げられるかもしれません。いい感じですね。

これで、一度に投資することで生じるリスクを回避できます。ただし、これがうまくいくためには、あなたが投資を始めた日から市場が下がり、期間中の平均投資コストが最初の日よりも低い状態であることが必要です。市場が上がると、一度に投資した場合よりも損をします。投資したあとに市場が下がるリスクを回避する代わりに、市場が上昇を続けてトータルの投資コストが上がるリスクを負っていることになります。さて、どちらのリスクのほうが起こる確率が高いでしょうか。

あなたがＰａｒｔ１と２を注意深く読んでいたとすれば、市場は基本的に上昇傾向だが、途中の道のりは大きな変動を伴うことを理解されていると思います。また、上昇している期間のほうが下落している期間より長いこともおわかりだと思います。１９７０年から２０１３年までを見ると、43年間のうち33年間、市場は上昇しています。全期間の77％です。

さて、私がドルコスト平均法を好まない理由はもうおわかりでしょう。

①ドルコスト平均法を採用したあなたは、市場が下落し痛みを軽減してくれるほうに賭けています。どの1年間を見ても、あなたの思ったとおりになる確率は23％以下です。

②77％強の確率で市場は上昇します。その場合、ドルコスト平均法では、得られる利益が減少します。分割投資のたびに、より多くのコストを支払うことになります。

③ドルコスト平均法で投資することは、一度に投資するには市場の水準が高すぎると考

えているのと同じです。つまり、市場のタイミングをうまく捉えたいという曖昧な世界に足を踏み入れているのです。それでは、結局、負けてしまいます。

④ドルコスト平均法で投資すると、資産配分が乱されます。最初のうちは、あなたの手元に投資されるのを待っている資金がたっぷりあります。それが望みどおりの資産配分ならかまいませんが、そうでないとすると、ドルコスト平均法で投資方針が大きく変わっていることを理解しなくてはなりません。

⑤ドルコスト平均法では、それを利用する期間を設定する必要があります。市場は長期的に見ると上昇傾向にあるので、1年を超える長い期間を選択すると、投資コストがどんどん上がるリスクを負うことになります。選んだ期間が短い場合は、そもそもドルコスト平均法を使う意味がありません。

⑥そして最後に、設定した期間が終了し、投資すべき資金を投入してしまうと、結局、その次の日に市場が下落するリスクを負うことになります。

では、そうすればよいのでしょうか。Part2で書いた戦略に従えば、自分が資産を積み上げるステージにいるのか、資産を維持するステージにいるのかがわかると思います。

資産を積み上げるステージにいる人は、毎月の収入の中からできるだけ多くを投資に回しているはずです。ある意味、毎月の投資は、やむをえずドルコスト平均法で投資しているようなもので、その後の変動をいくらかは平準化する役割を果たしてくれます。ドルコスト平均法との違いは、それを何年も、あるいは何十年も継続する点です。もちろん、その総額をいま一度に投資することは、選択したくてもできません。

しかし、あなたは投資できる資金が手に入ったら、直ちに投資に回して、最大限の運用を実現しようとしています。まとまった資金が入ったら、私も同じことをやります。

あなたが資産を維持するステージにいる場合には、変動をなだらかにするために債券を含むポートフォリオになっているはずです。その資産配分に従って、まとまった資金を投入してください。その資産配分自体がリスクを低くしてくれます。

怖くてこのアドバイスに従えない場合や、投資した途端に市場が下落するかもしれないと思うと、夜も眠れないという場合には、ドルコスト平均法を使うのがよいでしょう。何をやっても世界の終わりが来るわけではありませんから。

ただし、それはご自分の投資の考え方を修正していることになるのですよ。

24

マーケットの権威になってテレビに出演する方法

かつて「ウォールストリート・ウィーク」というPBS（米国公共放送）の番組が、金曜日の夜に放送されていた頃、私は1週間の締めくくりとして、この番組を毎週見ていました。

司会者はルイ・ルーカイザーという著名な金融ジャーナリストで、まず市場での失敗や弱点に対してコメントしたあと、権威ある3人の言葉を交代で伝えました。私が気に入っていたのは、いつも強気のアビー・ジョセフ・コーエンと、いつも市場の現状を憂慮しているマーティン・ツバイクの2人でした。

どのゲストも立派な経歴を持っていて、毎週、ルーカイザーは、市場の状況や方向性について反対意見の顔ぶれを巧みに組み合わせていました。自分が正しいと証明することもありました。彼がコメントを述べ、質問をするときは、常に微笑みやウインクを絶やさず、ユーモアに満ちていました。残念ながら、彼は2006年に亡くなりましたから、現在、投資している皆さんは、彼の洞察と英知に触れることができません。

彼の番組とそこに登場する華々しいゲストを見ていると、将来の見通しを予想する専門家たちがいました。あらゆるケースがカバーされていて、必ず誰かが正解になります。当たったときには、英知と深い洞察があると受け取られます。その予測が劇的な内容であった場合は、その人は名誉と富を得ることもありました。

毎年1月になると、ルーカイザーはゲスト一人ひとりに市場の高値、底値、年末の水準を予想させました。正確な言葉は忘れましたが、予想が出揃うと、彼は「これらの専門家でも間違う可能性はあることをご理解ください」というようなことを言って、テレビカメラに向かってウインクするのです。

12月になると、最も近い予想をした人を褒め称え、外した人を責めます。まじめに受け取らないでいれば、とても楽しめます。

私は自分でも予想することに熱中していましたが、本気ではありませんでしたし、それでテレビに出ようとも思いませんでした。もし私の予想が当たったとしても、CNBCがインタビューしてくれることはありません。あまりワクワクする話ではありませんね。そもそも、私はインタビューを受けたいとも思っていません。
とはいえ、もしあなたにそんな野望があるなら、次のようにやるとよいでしょう。

ステップ1　短期的に、市場にとても大きな変動があると予想します。上がるか下がるかはどちらでもかまいませんが、下がるほうが少ないので、やりやすいです。起こりにくいことのほうが、当てたときのインパクトは大きくなります。
ステップ2　予想を行った日時を記録しておきます。
ステップ3　予想した状況が発生しない場合は、少し待ちます。
ステップ4　1～3のステップを、当たる日が来るまで繰り返します。
ステップ5　メディアに「私が最近予想したとおりに市場が暴落しました！」と発表します。
ステップ6　メディアからのインタビューに備えます。
ステップ7　うまくいってお金が入ってきたら、そのうちの15％をエージェントフィーとして私に支払ってください。

あなたの予想が当たるまでは、メディアには何も言ってはいけません。

権威としての位置づけを確立できたら、その後も繰り返し予測することが期待されるでしょう。何カ月、あるいは何年間か、あなたの発言はすべて記録されます。あなたが間違うと、面白おかしく伝えられ、そのうちに恥をかき、信用されなくなって、表舞台から消えていきます。でも、ステージに立っている間にうまくやれば、たっぷり稼げますよ。

25

あなたも騙されるかもしれない

少し前に、私は一人の敵をつくってしまいました。彼女は古くからの友人の未亡人でした。友人が亡くなる前に、彼女の面倒を見ることを約束していました。

彼女は、私と話していると、自分がつまらない愚かな人間だと感じさせられると言い出して涙を流しました。おそらく、非は私にあるのだと思います。私には気の利かないところがあります。でも、私は彼女のために200万ドルを救ってあげていたのでした。

私の友人は長年のハードワークで財産を残しました。彼は妻をとても愛していて、自分のほうが先に死ぬのではないかと考えていました。彼が残した遺産は、彼の愛情の証《あかし》でした。残された妻が経済的に困らないようにしたいと考えていたのです。

しかし、彼には次のような心配事がありました。

①彼の妻は、「無料であげます」というオファーにとても弱い。

目玉商品にすぐ飛びついてしまいます。たとえば、携帯電話の契約期間が満了するときに、携帯電話会社が「無料」のプランを提示すると、彼女はそれをすぐに受けてしまいます。そのオファーには、解約できない2年契約が付いているのですが、それには気づきません。そんなことを何度も繰り返します。一つひとつは小さなことでも、これはよくない兆しでした。

②世の中には、まさに彼女のような人を探し出そうとする「肉食動物」があふれている。

③資産を持っていて「無料」に弱いことは、人食いザメにえさをやるようなものだ。

私が彼女を泣かしてしまったのは、まさにこの「無料」プランについてでした。「無料」オファーの背後のリスクに気づくようにと彼女をやさしく説得しました。彼女は聡明な女性であり、理解してくれたように見えました。しかし、彼女はこう言ったのです。「大丈夫よ。私は騙されない」

「そう言った時点で、騙されないための最初の条件から外れていますよ」と私が言ったときには、すでに私の口調がかなりきつくなっていました。間違ってはいけません。あなただって騙される。私も同じです。

ずっと以前に知った詐欺を思い出しました。私はそれを本で読み、当時、私もそれに引っかかりかねないと思いました。次のような話です。

ある日、こんな手紙が届きます。今ならeメールでしょうか。その手紙には、投資アドバイザーが彼のチームを紹介し、株式についてのコツも披露しています。たとえば、「ABC社の株価が来週大幅に上昇します」と述べたあと、彼は警告を発します。「でも、すぐに投資してはいけません。まず、ご自分で調べてください」と。

しかし、「彼独自の判定基準」によれば、この株式は強い買い推奨だといいます。

あなたは簡単には騙されないでしょう。でも、その株式を注意して見ておこうと思うかもしれません。様子を見るだけです。あなたはよいものを見逃してしまったとは思いません。

さて、株価が急上昇します。言われたとおりに買っていたら、5割、6割、あるいは100%の利益をわずか数日で得られたはずでした。そして、その頃、また手紙が届きます。

今度の手紙では、「BCD社の株価が近いうちに急落する。私たちの判定基準ではカラ売りを推奨する」と伝えます。あなたは用心深い投資家です。今回も様子を見ることにします。ただし、最初のときよりも関心は高まっています。そして、株価は予想されたとおりに急落します。もし手紙のとおりに投資していたら、また大儲けしていたはずでした。

さて、第3の手紙が届きます。さらに、第4、第5、第6と次々に手紙が届きます。どの手紙も完璧に予想を当てます。この株式は上がる、下がる、すべて予想どおりです。ひょっとすると、あなたは実際に何度か試してみて、利益を手にしているかもしれません。ここまでくると、真剣に考えざるをえなくなるでしょう。

そして、あなたの近所にある素敵なレストランでのディナーの招待状が届きます。あなたとごく少数の「企業経営者レベルの投資家」だけが、この一度も予想を外さないアドバイザーとの非公開の会合に招待されたのです。

アドバイザーは、独自の投資ツールがどのように投資家に利益をもたらすかを説明します。彼の語り口は穏やかです。親切そうで、あなたを心から心配してくれています。あなたの資産を狙うあらゆる罠を仕掛けていますが、嫌味がなく控えめです。チャートなどが紹介されます。本当のところ、どのように投資しているのかはよくわかりません。まだ非公開なのです。予想どおりの展開ですね。

通常なら枠は空いていないのですが、新しく始めたファンドに、まだ少しだけ余裕があります。もちろん、なんの義務もありませんが、アドバイザーは「これまでの経験から考えると、明日になれば枠は埋まってしまうでしょう。もし今興味があればというお話ですが……」と言ってきます。

あらゆるマジックと同じで、これには仕掛けがあります。わかりましたか。もしこの話を初めて聞いて、カラクリを見破ったとしたら、あなたは私よりも優秀です。でも、自信過剰は禁物です。これを見破っても、また違うタイプのトリックがやってきます。こんなことはあなたにも十分起こりえます。そういうことを理解していないといけません。必ず起こりますから。これが最初のルールです。

・ルール1

誰でも騙される可能性があります。愚かな人は、当然、標的になります。とても賢い人でも同じです。自分にそんなことは起こらないと思い始めた瞬間に、あなたはとてもおいしい標的になるのです。最も容易なターゲットは、自分がとても賢く、よくわかっているから引っかからないと考えている人なのです。わかりますか。

・ルール2

最も引っかかりやすいのは、あなたが得意とする分野においてです。理由は簡単です。詐欺師が仕掛けるときは、それに最も反応する人々を探します。それは、その分野を専門にしている人々です。人は、自分の得意分野では、安心できて安全だと感じます。十分賢いので、気がつかないうちに騙されることはありえないと考えています。賢い人々は知らない分野がどこかを理解していて、そこではとても慎重になります。バーナード・マドフの被害者の多くは金融業界の人々でした。

・ルール3

詐欺師はまったくそれらしく見えません。映画とは違います。帽子を斜めにかぶって狡《ず》賢《るがしこ》そうな目を隠すことなどありません。優れた詐欺師は、最も安全で信頼でき、正直で気持ちが安定していて、一緒にいると気分が安らぐような人です。彼らが近づいてくるのに気づくことはありません。むしろ、あなたのほうから近づいていき、向こうが温かく迎えてくれる形になります。

・ルール4

彼らの言うことの99％は真実です。最も効果的な嘘は、真実に覆われ、その中に埋もれています。あなたが破産に追い込まれ、泣き叫ぶことになる詐欺は、上手に隠されています。細かい字で書かれた契約書の細則の奥底に潜んでいます。

・ルール5

とてもよすぎて本当のことだとは思えない場合、そのとおり、本当ではないのです。ただで食べられるランチはありません。絶対にありません。お母さんに教えてもらったでしょう。お母さんは正しい。お母さんの言うことは素直に聞くものです。

とはいえ、すべての詐欺師が賢いわけではありません。知り合いでもないナイジェリア人があなたにeメールを送ってきて、100万ドルを送金するので受け取ってほしいと言われて本気にする人はいるでしょうか。

見たこともない人があなたの家を訪問し、「たまたま近所で作業をしているので」と言って、家の工事の割引を申し出たとします。その際、「ただし、支払は現金前払いです」と言ってきたら、これは詐欺だと気づきますよね。

私の友人の奥さんはこのような単純な詐欺を考えていたのです。確かに、彼女は十分賢くて、こんな詐欺には引っかからないでしょう。しかし、彼女の夫が心配していたのは、それとは違います。頭がよくてお金を持っていて、さびしい、そんな人を探している、もっと賢い詐欺師のことなのです。

あなたの配偶者やパートナーに、こんな話をしてみてください。正直であっても機転の利かない私のような人間に教育を任せてはいけません。私の妻は、生まれつきの遺伝子のおかげで、保険数理士の表を見るまでもなく、私より何十年か長生きしそうです。私たちの投資は私が担当しているので、妻とはこんな話をいつもしています。自分たちが何に投資しているかを意識していて随時見直しています。幸い、彼女は投資の原則を理解していて、その大切さを認識しています。

話は変わりますが、私がインデックスファンドを好む理由の1つは、私の妻です。妻には、シンプルで自動的に動いてくれるポートフォリオを残したいと思っています。

手紙を送ってきた詐欺師の手口をまだ明かしていませんでした。あれは、逆ピラミッドなのです。

まず彼は、株価変動の大きな株式銘柄を選び、1000通の手紙を出します。半分は上がる予想、半分は下がる予想を書いています。結果的に予想が当たった500通の送り先には、第2の手紙を送ります。今度は別の銘柄を選びます。第2の手紙の予想も当てたグループには、3通目の手紙が届きます。こうして6通目までいくと、15〜16人が必ず当たる予想を目にすることになります。この頃には、ほとんどの人が「私のお金を投資で増やしてくれ」と自分から言い出すようになるのです。

Part 4

たどり着いたあと、何をするか

「お金があれば、嫌なことをしなくて済む。
私はほとんど何もしたくないので、お金があると重宝するよ」
（グルーチョ・マルクス）

26 引き出す比率――結局、いくら使えるか

ここまで、あなたは次の3つの大原則を守ってきたことと思います。

・借金をしない。
・支出は収入より少なく。
・余裕資金は投資する。

資産を増やしていき、今度は資産がなくならないようにしながら、どれだけお金を引き出せるかを考える時期に来ました。ストレスを感じるかもしれませんが、実際にはうれしい悩みでしょう。「著者であるあなたは、自分の資産の何%を使っているのですか?」と、遠慮のない質問が聞こえてきます。これからお話ししますよ。

「4％ルール」（トリニティ・スタディ）について、引退に関する書物を深く読み込む必要はありません。ありきたりのアドバイスとは違って、このルールは疑いの目でチェックされても説得力を失いません。しかし、実際にはほとんど理解されてはいませんが。

1998年にトリニティ大学の教授3人が大量の数字に取り組み、ポートフォリオからどれだけ引き出すと、何が起こるかを調べました。株式と債券のさまざまな構成のポートフォリオを対象として、いつ引き出しを始めたかについて最大30年間にわたる調査を行いました。引き出し率はインフレの水準に応じて調整した場合としない場合に分けました。2009年には新しい数字で再度計算しました。

数多くの組み合わせの中で、金融関係のメディアが採り上げたモデルはただ一つでした。それは、「株式と債券を半分ずつ保有するポートフォリオで引き出し率4％。ただし、インフレ率に応じて調整する」というものです。

このモデルでは、96％の確率で30年後にポートフォリオがまったく減少しませんでした。言い方を換えれば、戦略が失敗して、年老いたあなたが貧困に陥るのは4％の可能性だということです。

実際に失敗したケースは、投資を開始した時期で見ると、55年のうちの2回、1965

年と１９６６年だけでした。それ以外の年に始めたポートフォリオはうまくいったというだけでなく、驚くほどのレベルまで資産を増加させました。

資産が増えたと書きましたが、具体的に言えば、ポートフォリオは1年間に５～７％の利回りを上げ、とてもうまく運用されていたのです。インフレ調整を行わずに毎年７％を引き出しても、85％の期間で、なんの問題もありませんでした。４％しか引き出さなければ、子供にたっぷりの資金を残すことができます。それが人生の目標であったなら、すばらしいですね。もし30年よりも長く生きようとしているなら、この結果を喜ばしく思うでしょう。

しかし、金融関係のメディアの見方は違います。ほとんどの人々が真剣に考えていないとメディアは捉えています。

引き出し率４％の調査結果から、より確実なことがわかります。３％に引き下げると、より確実で、納税に苦労することは生涯なくなるでしょう。こう考えると、インフレ調整の感じもわかるでしょう。

１９６５年と１９６６年は引き出し率４％がうまくいかなかった例外のケースですが、最近の期間については、将来の30年後にどうなるかをまだ経験していません。私の感触では、２００７年および２００８年の初めに起きた市場暴落の直前に引き出しを始めた場合など、

４％ではうまくいかない年が2年くらいは出てくると思います。逆に２００９年3月に市場が底を打った時点で４％の引き出しを開始したとすると、最高の結果が得られます。

もし興味がおありなら、「トリニティ・スタディ」の概要をご覧ください。ＵＲＬはこちらです。

http://www.onefpa.org/journal/Pages/Portfolio%20Success%20Rates%20Where%20to%20Draw%20the%20Line.aspx

まとめ

引き出し率３％以下だと、まず失敗することはありません。そのほかのポイントは次のとおりです。

・引き出し率7％以上だと、将来、食費に困ることになる可能性があります。
・株式を組み入れておくことは、ポートフォリオの存続に決定的に重要です。

・絶対確実な結果を得たいとお望みなら、引き出し率を４％以下として、ポートフォリオの75％を株式に、25％を債券に投資しましょう。

・インフレ率に応じた調整を行わないとすれば、引き出し率は６％まで上げられます。この場合、ポートフォリオは株式50％、債券50％にします。

・あなたが注意を怠らず、柔軟でいられるなら、引き出し率を６％まで上げられるという見方もあります。市場が大きく動いたあとは、回復するまで引き出し率を下げ、生活のための費用を切り詰めることになります。

この研究では、４種類の表が登場します。第１と第２の表は、長期にわたるさまざまなポートフォリオの運用成績と引き出し率の組み合わせです。第３と第４の表を見ると、30年後にポートフォリオにいくら残っているかがわかります。第２と第４の表は、引き出し金額が毎年のインフレ率に応じて調整されています。細かく見ていきましょう。

表１を見てください。株式と債券がそれぞれ50％の資産構成で、引き出し率が４％であれば、あなたのポートフォリオは確実に30年後まで続き、生き残ることができます。

表２は、表１と同じ設定で、インフレに伴う調整を加えてあります。ポートフォリオが

表1　引退後の資産を減らさずに残す方法

	年間の引き出し率									
引き出し期間	3%	4%	5%	6%	7%	8%	9%	10%	11%	12%
100% 株式	資産を減らさず残す可能性									
15 年	100	100	97	97	94	93	86	80	71	63
20 年	100	98	97	95	92	86	77	66	55	51
25 年	100	98	97	93	90	80	67	55	48	40
30 年	100	98	96	93	87	76	62	51	40	35
75%株式／25%債券										
15 年	100	100	100	100	97	94	90	77	66	56
20 年	100	100	100	97	95	89	74	58	49	43
25 年	100	100	98	97	92	78	60	52	42	32
30 年	100	100	98	96	91	69	55	38	29	20
50%株式／50%債券										
15 年	100	100	100	100	100	99	93	73	57	46
20 年	100	100	100	100	98	88	63	46	32	20
25 年	100	100	100	100	95	67	48	28	18	13
30 年	100	100	100	98	85	53	27	15	9	5
25%株式／75%債券										
15 年	100	100	100	100	100	100	86	53	34	30
20 年	100	100	100	100	100	68	35	26	22	14
25 年	100	100	100	100	68	33	25	17	13	10
30 年	100	100	100	96	38	24	15	9	5	2
100%債券										
15 年	100	100	100	100	100	73	56	44	29	19
20 年	100	100	100	92	54	49	28	20	14	9
25 年	100	100	97	58	43	27	18	10	10	8
30 年	100	100	64	42	24	16	7	2	0	0

表2　引退後の資産を減らさずに残す方法（インフレ調整後）

	年間の引き出し率									
引き出し期間	3%	4%	5%	6%	7%	8%	9%	10%	11%	12%
100% 株式	資産を減らさず残す可能性									
15 年	100	100	100	94	86	76	71	64	51	46
20 年	100	100	92	80	72	65	52	45	38	25
25 年	100	100	88	75	63	50	42	33	27	17
30 年	100	98	80	62	55	44	33	27	15	5
75%株式／25%債券										
15 年	100	100	100	97	87	77	70	56	47	30
20 年	100	100	95	80	72	60	49	31	25	11
25 年	100	100	87	70	58	42	32	20	10	3
30 年	100	100	82	60	45	35	13	5	0	0
50%株式／50%債券										
15 年	100	100	100	99	84	71	61	44	34	21
20 年	100	100	94	80	63	43	31	23	8	6
25 年	100	100	83	60	42	23	13	8	7	2
30 年	100	96	67	51	22	9	0	0	0	0
25%株式／75%債券										
15 年	100	100	100	99	77	59	43	34	26	13
20 年	100	100	82	52	26	14	9	3	0	0
25 年	100	95	58	32	25	15	8	7	2	2
30 年	100	80	31	22	7	0	0	0	0	0
100%債券										
15 年	100	100	100	81	54	37	34	27	19	10
20 年	100	97	65	37	29	28	17	8	2	2
25 年	100	62	33	23	18	8	8	2	2	0
30 年	84	35	22	11	2	0	0	0	0	0

表3　引き出し率を一定にしたときの引退後の資産残高 （中央値、単位：千ドル）										
	年間の引き出し率									
引き出し期間	3%	4%	5%	6%	7%	8%	9%	10%	11%	12%
100%株式	残 高									
15 年	4,037	3,634	3,290	2,978	2,564	2,061	1,689	1,378	1,067	563
20 年	6,893	6,083	5,498	4,640	3,821	2,907	2,059	1,209	610	51
25 年	10,128	8,466	7,708	6,094	4,321	2,936	1,765	459	0	0
30 年	17,950	15,610	12,137	9,818	7,752	5,413	2,461	41	0	0
75%株式／25%債券										
15 年	3,414	3,086	2,682	2,293	1,937	1,528	1,169	888	623	299
20 年	5,368	4,594	3,933	3,177	2,665	2,062	1,339	574	0	0
25 年	8,190	5,724	4,732	3,889	2,913	1,865	500	0	0	0
30 年	12,765	10,743	8,729	5,210	3,584	2,262	1,424	800	367	105
50%株式／50%債券										
15 年	2,668	2,315	2,015	1,705	1,398	1,097	785	470	187	0
20 年	3,555	3,018	2,329	1,926	1,462	940	420	0	0	0
25 年	4,689	3,583	2,695	1,953	1,293	624	0	0	0	0
30 年	8,663	7,100	5,538	2,409	1,190	466	136	16	0	0
25%株式／75%債券										
15 年	1,685	1,446	1,208	961	731	499	254	14	0	0
20 年	2,033	1,665	1,258	882	521	136	0	0	0	0
25 年	2,638	1,863	1,303	704	130	0	0	0	0	0
30 年	3,350	2,587	1,816	647	0	0	0	0	0	0
100%債券										
15 年	1,575	1,344	1,102	886	651	420	211	0	0	0
20 年	1,502	1,188	926	537	132	0	0	0	0	0
25 年	1,639	1,183	763	41	0	0	0	0	0	0
30 年	1,664	1,157	670	0	0	0	0	0	0	0

表4　引き出し率を一定にしたときの引退後の資産残高
（インフレ調整後）（中央値、単位：千ドル）

	年間の引き出し率									
引き出し期間	3%	4%	5%	6%	7%	8%	9%	10%	11%	12%
100%株式	残高									
15年	3,832	1,760	3,005	2,458	2,018	1,427	859	483	44	0
20年	6,730	5,808	5,095	3,421	1,953	1,215	361	0	0	0
25年	8,707	6,304	5,103	2,931	1,683	0	0	0	0	0
30年	12,929	10,075	7,244	4,128	1,253	0	0	0	0	0
75%株式／25%債券										
15年	3,139	1,601	2,163	1,773	1,290	943	612	275	0	0
20年	4,548	3,733	2,971	2,051	1,231	450	0	0	0	0
25年	5,976	4,241	2,878	1,514	383	0	0	0	0	0
30年	8,534	5,968	3,554	1,338	0	0	0	0	0	0
50%株式／50%債券										
15年	2,316	1,390	1,535	1,268	889	489	182	0	0	0
20年	2,865	2,256	1,667	1,068	469	0	0	0	0	0
25年	3,726	2,439	1,453	583	0	0	0	0	0	0
30年	4,754	2,971	1,383	9	0	0	0	0	0	0
25%株式／75%債券										
15年	1,596	1,011	777	456	56	0	0	0	0	0
20年	1,785	1,196	778	268	0	0	0	0	0	0
25年	1,847	941	67	0	0	0	0	0	0	0
30年	2,333	633	0	0	0	0	0	0	0	0
100%債券										
15年	1,325	852	612	303	48	0	0	0	0	0
20年	1,058	621	146	0	0	0	0	0	0	0
25年	919	102	0	0	0	0	0	0	0	0
30年	626	0	0	0	0	0	0	0	0	0

［表1～4についての注］
株式の投資利回りは、S&P500インデックスの平均月次リターン、債券の利回りは、高格付けの社債の月次リターン。どちらも、2010年に出版されたモーニングスターの『イボットソンSBBIクラシック・イヤーブック』に載った1926年1月から2009年12月までのデータに基づいています。

生き残れる可能性は96％に落ちます。

表3と表4では、30年後、ポートフォリオにどれだけの資産が残っているかを示していますが、私にとっては、これが最もわかりやすく、説得力があります。表3は引き出し率を一定とし、一方、表4はインフレ率に応じた調整を想定しています。いくつか例を見ましょう。

当初100万ドルで始めた投資で、引き出し率4％の場合、30年後の中央値は、インフレ調整のない表3だと、次のようになります。

・100％株式に投資していたら、1561万ドル
・株式75％、債券25％だと、1074万3000ドル

・株式50％、債券50％だと、710万ドル

インフレ調整を行う表4だと、次のようになります。

・100％株式に投資していたら、1007万5000ドル
・株式75％、債券25％だと、596万8000ドル
・株式50％、債券50％だと、297万1000ドル

この表はとても役に立ちます。この本を読み進めていくと、ほっとしたり、不安になったりしたと思います。これらの表を見ていて1つ明確になるのは、資産を増やし維持していく上で、株式が実に強力に作用し、不可欠な存在だということです。この本で、これらの表を大きく取り上げるのは、そのためです。

低コストのインデックスファンドが資産形成に決定的に重要だということは、これらの表からは明確に見えてきません。しかし、アクティブ運用のマネジャーや投資アドバイザーへの1～2％の手数料をあなたが支払い始めたら、これらの表の前提は崩れてしまいます。

「トリニティ・スタディ」に熱心に関与しているアメリカン・カレッジ・オブ・ファイナンシャル・サービシズのウェイド・ファウ教授はこう話しています。

「株式と債券が半分ずつのポートフォリオで、インフレ調整付き、引き出し率4％のモデルの場合、手数料を支払わないと、成功率は96％ですが、手数料を1％支払うと、成功率は84％に下がります。手数料が2％になった場合には、成功率は65％に落ちます」

言い方を換えれば、「トリニティ・スタディ」において、低コストのインデックスファンド以外に投資したら、そのポートフォリオの実績予測は意味がないということです。

さて、先ほどの質問に戻りましょう。私自身は自分の引退に際して、どんな引き出し率を設定しているのでしょうか。普段は気に留めていないため、すぐに数字が出てきませんし、正確さもやや不明ですが、おそらくここ数年では5％台の後半だろうと思います。あまり関心がないというと驚かれるでしょう。それにはいくつかの事情があります。

①子供の大学の学費は大きな支出項目でしたが、2014年の春に卒業しました。

②引退後に、私たち夫婦は旅行に行くことが増え、それに伴う支出が大きく増えました。

病的というほどではありませんが、時間もお金も足りなくなるのでは、と気にしています。しかし、これは市場の状況が悪化したら、すぐに調整できる費用です。

③今後2～3年のうちに、2人の姪《めい》に社会保障からの給付が始まる予定です。

④引き出し率は、注意しなければならない6～7％という水準よりもかなり下であることを自覚しています。

⑤私は以上のことを理解しているので、今後の引き出し率は4％未満に落としていくことになると思います。

3～7％の幅の中でどの引き出し率にするかを考える上で、数字よりも重要なことがあります。それは、あなたがどれだけ柔軟に自分の生活を変えられるかです。必要になれば生活費をすぐに調整したり、収入を補う仕事を見つけたり、高コストの場所から気楽に引っ越ししたりすることができれば、どの引き出し率を選んでも、安心して楽しい引退生活を送れることでしょう。

ある収入に依存せざるをえないとか、働くことができない、または働く気になれない、あるいは、自然に囲まれた生活を送らなければならないといった事情があるときは、注意が必要です。個人的には、こうした考え方は改めたいところですが、事情は人それぞれでしょう。

4%は1つの目安にすぎません。よく考えて柔軟に対応できることが引退生活に安定をもたらします。

27 大富豪のように寄付をする

さて、私たち夫婦とビル・ゲイツ夫妻との間には共通点があるでしょうか。

実は、どちらも慈善団体を持っているのです。

「それはそうだろう。ジェイエル・コリンズはたくさんお金を持っているようだから」と思っていませんか。残念ながら、それは誤解です。私は、大臣よりも貧しい僧侶なのです。ビル・ゲイツ夫妻のように、すてきな豪邸に住んでいるわけでもありません。

これまで、投資で資産を築くこと、とくに「会社に縛られないお金」を蓄えることについて述べてきました。しかし、蓄えたお金の使い方については何も書いていません。私には格別欲しいものもないので、お伝えすることもありません。旅行が好きな夫婦なので、旅にはお金を使います。娘が大学で存分に学べるためのお金も使いました。

しかし、純粋に喜びを味わえたのは、寄付することでした。とくに、あるところに寄付した1200ドルは最高の満足を与えてくれました。自慢しているように思われそうなので、本当は話したくはありませんが。

娘が通っていたカトリック教会の学校では慈善オークションを開催していて、以前からそれに参加してきました。運営している先生方や女子修道院長には、いつもその献身的な姿に感服していました。

あるとき、地元にあるパーカーズというレストランのオーナーが、10人分のディナーをオークションに出しました。私は咄嗟《とっさ》の思い付きで、それを手に入れて、学校の先生方に寄付することにしました。競り合いになりましたが、約1200ドルで私たちが落札しました。

寄付する際に、修道院長に2つのことをお願いしました。まず、教師は15人いたので、ディナーに行ける10人を選んでいただくこと。そして、修道院長自身は必ず10人の中に入ってほしいということです。修道院長は私欲がまったくない人でしたから、必ず身を引くと思ったので、それはやめてほしいと先手を打つ必要がありました。

私が寄付したという噂が広まると、面白いことが起きました。パーカーズのオーナーが、10人ではなく15人を招待すると言い出したのです。教師全員が行けるようにというわけです。別の人からは、ワインの支払いを自分がやるとの申し出がありました。おいしい食事とワインを教会学校の先生たち全員にということで、関わったすべての人々にとって、すばらしいひと時になりました。

寄付をすれば、個人的に満足を得るだけでなく、節税にもなります。控除を得るためにはきちんと申告手続きをしなくてはなりませんが。

何年か前に、もうすぐ人生の転機となる大きな出来事が2つ予想され、それによって、税金関係で変化が起きました。それは、自宅を売って、引退しようと考えたのです。

自宅を売って、住宅に付随する税の控除が使えなくなると、控除するものがなくなりました。また、引退によって、税率は下がることが予想されました。こうなると、寄付による節税効果は少なくなります。

そこで考えたのが、「ジェイジェイ・コリンズ・チャリタブル・ファンド」です。

ご存じのとおり、私はバンガードの大ファンです。私がこの慈善ファンドの創設に際して、バンガードの慈善寄付プログラムを活用したのは当然のことでした。慈善寄付プログラムには、こんなメリットがあります。

・大富豪でなくても利用可能です。財団をつくり、最低2万5000ドルを入れれば十分です。美しい建物などは必要ありません。

・財団をつくった年に税控除ができます。控除が最も効果的だと思えるときに利用することができます。

・含み益のある資産を財団に直接寄付すれば、寄付した金額全体が控除の対象になるため、譲渡益にかかる税金を納めなくて済みます。節税できる分、寄付に回せる金額を増やせます。

・寄付した資産は好きなように運用できるので、実際にお金を使うときまで、無税で資産を増やせます。

・どこに、いつ、いくらを寄付するかは、あなたが決めます。自動的に寄付するように設定しておくことも可能です。

・ファンドへの寄付は好きなときに追加できます。なお、資産が1万5000ドルを下回ると、このプログラムでは年間250ドルの資産維持手数料がかかります。

・バンガードが運営しているので、最小限の費用で済みます。

・気に入らない人が寄付を求めてやってきても、「私はすべてこのファンドを通じて寄付を行っているので、寄付の要請はファンド宛に書面でお送りください」と言えます。でも、書面が届いたことは一度もありません。
・慈善団体によっては、寄付した人の名前のリストを外部に売ることがありますが、このファンドであれば、個人名をリストに出さないでおくことができます。

節税効果以外の寄付についての注意点を書いておきます。

・私は寄付をする相手を絞り込みたいと考えています。現在、私が寄付しているのは2カ所だけです。
・多くの相手に少額を広く渡すほうがよいという人もいるでしょうが、寄付の効果が薄くなり、結局、寄付の手続きのコストに使われてしまう部分が多くなります。
・名簿などから、あなたの名前を手に入れる団体がたくさんあります。電話番号は寄付を求めてくる人々に教えてはいけません。
・寄付を募る広告を見れば見るほど、その慈善団体は目的のために本気でお金を使おうとしていないように思えてきます。

・詐欺のような団体だけでなく、効率的に運営されていないために、あなたの寄付を有効に使えない慈善団体がたくさんあります。

・ネットで寄付することも可能です。

必ずしも寄付をしなくてもよい

従来からある課税控除のある寄付以外にもお金を使うことはあります。近所の人や友人を助けても節税にはなりませんが、お金を渡すことには大きな意味があります。最近、そういうことをやろうと思うようになりました。節税効果を追わなくてもよくなってから、その傾向は強くなっています。

いずれにしても、誰かに寄付することは気持ちのよいものですが、必ずしなければいけないものではありません。寄付する義務があるようなことを言ってくる人は、何か別の意図を持っています。彼らのやりたいプロジェクトにお金を出してもらいたいというような別の意図です。

私たちは一人の個人として、家族や子孫を守り、社会のお荷物にならないようにするという義務があります。それ以外は、個人としての選択の問題です。あなた自身が選択して、楽しい世界にすることを考えてください。

おわりに

「欲しいものはすべて恐怖の向こう側にある」
（ジャック・キャンフィールド）

28

子供に示した道——最初の10年間

私の娘は、最近、大学を卒業しました。ここで述べることは、私が彼女に勧めた今後の歩み方ですが、大学を出てすぐに、あるいは20代でこれを始めなくてもかまいません。もっと年上の人々でも、資産を築ける人生に変えようと思うのなら、これを10年計画として考えてみてはどうでしょうか。

・借金をしない。利息を支払っても手に入れたいと思うほど価値のあるものはありません。
・経済的に無責任な人とは付き合わず、まして結婚などをしてはいけません。
・キャリアを積み、仕事のできる人間として評価されるために、これからの10年間は必死に働くのです。
・働き蜂になれというのではありません。仕事上のキャリアをできるだけ広く考えましょう。可能性は無限に広がっています。

・学生のときに身につけたコストをかけずに生活する技を磨いて、多くの冒険にチャレンジしましょう。

・派手なライフスタイルという罠にはまらないように。もしすでにはまっていたら、早く抜け出しましょう。

・収入の半分を蓄えに回し、VTSAXなど、この本で検討した方法で投資しましょう。

・確定拠出年金のような雇用者のサポートがあり、節税にもなるプランを見つけましょう。

・収入が低く、所得税率が低いときに、資金の引き出しが非課税になるアメリカのロスIRAのような仕組みに資金を注ぎ込みましょう。

・所得税率が上がってきたら、通常の個人退職口座（IRA）に資金を入れていきます。

・これらを10年間続ければ、経済的自立に大きく近づきます。

・収入の50％以上を蓄えに回せば、目標達成はとても早くなります。当然ですが、蓄える比率が低ければ、達成するのにより多くの時間が必要になります。

・市場の状況があなたに味方してくれれば、目標に早く到達します。

・資産を積み上げるステージでは、市場の下落は歓迎すべきことです。贈り物といってよいでしょう。そのタイミングで投資すれば、同じ資金でより多くの投資商品を購入できます。

- ただし、市場が下落する時期をうまくつかめると思い込まないように注意してください。
- 30代前半あたりで、あるいは投資を始めて10〜15年が過ぎた頃に、2つのことが起ります。キャリア上で大きな昇進などがあることと、経済的自立に近づくことです。
- 資産の4％で生活費をまかなえるようになったら、経済的に自立できたと考えてよいです。
- 別の言い方をすれば、経済的自立は、年間の必要経費の25倍の資産を蓄えるということです。
- あなたが年間2万ドルを使って生活しているとしたら、投資残高が50万ドルになれば経済的に自立したといえます。
- マイク・タイソンのように月に40万ドル、つまり年間４８０万ドルが必要な人の目標は１億２０００万ドルを蓄えることになります。
- つまり、経済的自立は、資産を増やすのと同時に、必要な経費をコントロールすることでもあるのです。
- 経済的自立を達成したら、投資が生み出す利益を使って生活しましょう。

・経済的自立を達成した時点で、楽しく生活するか、引き続き仕事を頑張るか、あるいは新しいことを始めるかを選択することができます。
・仕事を続けることを考えた場合、今後得る収入のすべてを投資に回しましょう。すでにこれまで蓄えた資産が生み出す利益で生活はまかなえます。そうすれば、資産を高速で増やせます。
・ただし、直前の3つの点は、そのとおりにしなくてもかまいません。資産と収入に対する1つの考え方だと受け取ってください。投資した資産を維持し、さらに投資を増やしながら、支出も増やしたいと考えるのは、ごく普通のことだと思います。
・資産が増えていくと、資産の4%の金額も大きくなっていきます。
・仕事を続けている限り、VTSAXはあなたの投資に貢献を続けます。資産を増やしていくことで、市場の変動から受ける影響はマイルドなものになっていきます。
・仕事を辞めようと決断したら、債券の投資を加えましょう。債券の割合が増えれば、資産の成長スピードは遅くなりますが、道のりはなだらかになります。

経済的自立を達成すれば、保有資産の4%を使って生活できます。そんな生活を選択したあなたが、考えることになるのは次の項目でしょう。

・ライフスタイルを豊かにすること。ただし、保有資産の４％以内という支出の上限を守ってください。
・Ｐａｒｔ４の27で述べた大富豪と同じように寄付をすること。
・まだ子供がいない場合は、子供をつくること。あなたはまだ十分に若い。経済的になんの心配もないし、経済的自立を達成したあなたの資産ですてきな時間をつくれます。
・ぜひやりたいと思うのなら、家を買うこと。ただ、急ぐことはありません。自宅を所有するのは投資ではありません。お金のかかる道楽です。十分なお金があって、あなたの望むライフスタイルの変更に意味があると思うようになってから、買えばよいでしょう。

あなたは若く、賢く、健康でしっかりしています。30代で「会社に縛られないお金」を蓄えて、経済的自立を達成すべく爆発的な成功を収めることでしょう。いったんそのレベルに到達したら、さらに発展を続けるでしょうし、個人としての選択肢も広がるでしょう。

あなたの未来は明るく開けていて、もう私などはまぶしくて目を開けていられないくらいです。

これは、私が娘にいつも伝えているメッセージです。

読者の皆さんが、やはり大学生であるとか、卒業したばかりで経済的なアドバイスを聞きたいと思っているようなら、私の言葉はお役に立つと思います。私がお伝えしているのは、あなたの人生におけるチャンスを広げることです。

あなたの年齢がもっと上であっても、がっかりすることはありません。いつになっても、もう遅いということはありません。私の場合、こんな考え方にたどり着くまでに何十年もかかりました。最初からこの道を歩んでいる人に比べれば、私と同様に、これまでの道のりはでこぼこが多かったかもしれません。でも、それは過去のことです。大切なのは、これからの未来です。今、それが始まるのです。

29

南太平洋のお話

ずっと前のことですが、仕事でひどく落ち込んでいたある日の午後、当時はまだ結婚していなかった私の妻に電話をしました。

「もう、こんなつまらない仕事はうんざりだ。さっさと仕事を辞めて、タヒチに行ってしまおう」

その頃、私はタヒチがどこにあるのかも知りませんでした。彼女は言いました。

「いいわね。安い飛行機が見つかると思うわ」

2週間後、かわいいタヒチの女の子から歓迎のレイを首にかけてもらいながら、結婚しようと考えている女性に何か提案をするときは注意が必要だと学びました。

ムークという男

タヒチは南太平洋にある多くの島の集まりですが、どれもすばらしい島でした。その中の1つの島にある水上のコテージでしばらく過ごしました。

ある日、ホテルの庭のカフェでくつろいでいると、健康的なアスリートのような若者がテーブルにやってきました。裸足でシャツも着ていません。自分はムークという名前で、ホテルのオーナーの1人だと自己紹介しました。アクセントからアメリカ人だとわかりました。大いに興味をそそられて一緒に話をしました。彼はすばらしい話術の持ち主で、面白い話をしてくれました。彼は、私の妻になる女性が寛《くつろ》いでいるのを前の日に見かけ、仕事をサボっていると叱りつけようとしたことを打ち明けました。彼女はタヒチの女性によく似ていたのです。

彼の話は面白かったのですが、私にはぜひ聞きたいことがありました。

「どんな事情で、アメリカの若者がタヒチのホテルのオーナーになったのですか？」

ムークと2人の仲間は、1960年代にミシガン州の大学を卒業して、カリフォルニアに移りました。何をしようかと探す中で、1人が小さな広告を見つけました。タヒチでパイナップル農園が売りに出ていたのです。タダ同然の値段でした。当時、タヒチはまだ旅の目的地としてはまったくの無名でした。

現地を見もしないで、彼らは農園を買い、それから旅の支度を始めました。

「パイナップルの育て方を知っていたのですか？」私は聞いてみました。

「まったく何も知りませんでしたよ」とムークが答えます。

「農園で育ったとか」

「いいえ。３人とも都会育ちです」

「でも、学校で農場体験などをしたのではないですか？」

「足を踏み入れたこともありませんよ」

彼らはタヒチに行き、自分たちのパイナップル農園で働き始めました。何カ月かのうちに、格安だった理由がわかりました。パイナップルを育てて生活することはタヒチでは不可能だったのです。天国の楽園にやってきて困り果てた彼らは、何かできないかと考えました。そのときに、タヒチの首都パペーテにある地元の銀行が彼らに面会を持ち掛けました。

農園から海に行く坂の下に、建設途中のホテルがありました。施工主が倒産して建築を諦めていたのです。ムークたちにこれを完成させる気はないかと銀行は言いました。もちろん最優遇の条件で融資をするとの条件で。


「ちょっと待ってください。あなたたちに建築の経験はあったのですか？」

「まったくありません」

「では、ホテルを経営したことはあったのですか？」

「それもありません」

「ホテルで働いたことは？」

「一度もありません。泊まったことはありますが」

「いったいなぜ、銀行はあなたたちに優遇条件のローンを付けてこの話を持ち掛けたのですかね？」

「彼らにはほかに方法がなく、私たちがアメリカ人だったからですよ。アメリカ人は仕事をやり遂げると評価されているのです」

ムークたちはその評価を裏付ける結果を残しました。なんの経験もありませんが、ホテルを完成させ、運営して利益を出しています。その後、さらにホテルを増やして運営し、その中の1つに私たちは宿泊していたのです。

私たちが会った頃、彼はすでにお金持ちになっていて、裸足で上半身裸のまま、さらに豊かになろうとしているところでした。

これを書きながら、気になったので、ムークをグーグルで検索してみました。彼は今80歳で、元気にしていました。彼が語る物語は細かいところではここに書いた私の記憶と違っていましたが、彼は私だけでなく、多くの人に強い印象を残しました。

自分の人生を自らの言葉できちんと語ることのできる人はムークだけでなく、タヒチにはたくさんいました。

ディナーのときに

ある日、散歩していたビーチにディナーのお店を見つけました。湾には美しいボートがいくつか浮かんでいました。

飲み物を楽しんでいると、小型ヨットが一隻のボートから離れて岸に向かってきました。当時20代後半だった私たちと同じくらいの年齢のカップルがヨットから降りてきて、隣のテーブルに座りました。そして会話が始まり、一緒に食事をすることになったのです。2人の名前は覚えていませんが、彼らの話は忘れられません。

彼らはロサンゼルスから航海してきて、南太平洋に4カ月滞在していました。何をすればそんな生活が可能なのかと質問したところ、男性は2人のパートナーと共同でヨットとロサンゼルスにある会社を所有しているとのことでした。3人は交代で仕事をこなし、2人がロサンゼルスで仕事をし、1人はヨットで旅をする生活を送っているのだそうです。

信頼できるパートナーの存在が不可欠ですが、その条件さえクリアできれば、私がこれまでに聞いた中で最も魅力的なやり方だと思いました。彼らもムークも大胆な生き方の見本です。

このような生き方は珍しいとは思いますが、彼らだけではありません。その後も、自分なりの人生を送っている人々に出会ってきました。彼らは、借金やコマーシャリズム、硬直的な考え方といった束縛から解き放たれ、自由に生きています。みんなアイデアと果敢さに溢れていました。

この自由こそ、お金で買える最も価値のあるものです。私がこの本でお伝えしようと考えたのは、それを実現するための戦略なのです。

30

最後にリスクについて

あなたが経済的自立を目指そうと決意したなら、資金の使い道は投資であるはずです。アメリカの文化では、お金を蓄えることは権利の剥奪だと捉えがちです。これは、私には思いもよらない考え方です。個人的には、「会社に縛られないお金」を蓄えることよりも意味のある買い物や所有したいものはありません。

とはいえ、世の中には無限の可能性があり、あなたは魅力的な選択を自由に行うことができます。制限するものがあるとすれば、あなたの想像力の限界と恐怖心だけです。ただし、必ず失敗すると決まってはいないものの、投資することはリスクを取ることです。

この本で論じてきた投資手法は、株式市場が基本的に上昇することを前提としています。振り返れば、ダウ・ジョーンズ工業株価平均は、前世紀の初めに68ポイントだったものが、世紀末には1万1497ポイントになっていました。この間には、世界大戦が二度起こり、大恐慌もインフレもあり、局地的な戦闘や経済不振は数え切れないくらいありました。これからも、投資で成功したいとお望みなら、長期間にわたる大局的な見方が必要です。

絶対的な安全を求める人々もいますが、もちろん、そんなものは存在しません。日本が長年経験している経済不振やそれよりも悪いことがアメリカ経済に起きないと断言できるでしょうか。そんなことを言い切れるはずがありません。

引き出し率4％は絶対安全でしょうか。それも言い切れません。うまくいかない可能性は4％くらいあります。その場合は、状況に応じた調整が必要です。

小惑星の激突、大噴火、ウイルスの蔓延《まんえん》、宇宙人の襲来、氷河期、磁極の逆転、ＡＩロボットやナノロボット、ゾンビが私たちに取って代わること……。少なくとも私たちが生きている間に、これらのことはありえないでしょう。

地球は約45億年前に生まれました。多細胞生物が動き始めてから約10億年が経過しました。６５００万年くらい前に恐竜を絶滅させたほどの惑星衝突のようなハルマゲドンは過去に5回ほど起きています。つまり、10億年に一度くらいの頻度です。

私たち人類が生きている間に、地理学的には一瞬にすぎないようなことが起きて、自分たちがそれを目撃することがあるでしょうか。まずありえないでしょう。

もし私の考えが間違っていて、地球の生命や文明が絶滅するようなことが起こったら、どんな投資を行うかなど気にする人は皆無でしょう。

なんのリスクもないと言っているのではありません。お金を持っていれば、必ずリスクを伴います。リスクを取らないことを選ぶことはできません。選べるのは、どんなリスクを取るかだけです。

・株式はリスクがとても高いと考えられています。確かに短期的には価値が大きく変動します。しかし、5年や10年の期間で考えれば、たっぷり利益を得られる可能性は高いのです。20年間で考えるなら、株式を持っていれば、まず間違いなく豊かになれます。さまざまな出来事で騒々しかった過去120年間が多少でも参考になるのであれば。

・現金はとても安全だと考えられています。しかし、インフレのもとでは、日々、価値が下がっていきます。2、3年なら問題はなく、すぐに使うお金を現金で持ちたいと考えるでしょう。でも、10年、20年という期間にわたって現金で持ち続けていれば、間違いなく損をします。

リスクというよりも、株価の変動率（ボラティリティ）の問題として考えるほうがよいかもしれません。株式のボラティリティは現金よりもはるかに高く、その一方で、株式の利回りは、現金よりもはるかに大きく資産の積み上げに貢献します。現金のボラティリティはほぼゼロに等しいですが、保有していると、購買力が次第に低下するリスクを負わなくてはなりません。

投資として何がベストかという問いに答える前に、「あなたのニーズはどこにあるのか。心理的な側面はどうか。目標は何か」に対する答えを出すことが求められます。

何をするにしても、なんらかの賭けをして、いくつかの選択肢から1つを選ばなくてはなりません。その際に、恐怖や不安が強く働きすぎることがあると知っておかなくてはなりません。そして、恐怖の感情に支配されて決断をしてしまうと、それによって生まれるリスクがあることも理解しておきましょう。

恐怖にうまく対応することで、私はパニックに陥らずに2008年のような経済危機を乗り越えることができました。そして、私は自分の「会社に縛られないお金」を手にしました。それを達成したあとは、私がやりたいと思っていた、いささかリスキーなことをやる余裕も生まれました。

この本は、あなたにも同じ体験をしてもらいたいと思って書いたものです。

ここまで読んできたなら、投資の実態をしっかり理解し、理想的な資産の増やし方を習得されているはずです。同時に、これから進む道は平坦ではなく、市場の落ち込みはごく当たり前であることもわかっているでしょう。

理解した知識を武器にすれば、難局に直面しても恐怖を感じず、パニックにもならずに、資産を積み上げていけます。経済的な自由を勝ち取るという目標にしっかり向かい続けていけるでしょう。

道はあなたの前に拓けています。一歩踏み出して、始めるだけです。さあ、旅路を楽しみましょう。

献辞

この本を娘のジェシカに捧げます。これは彼女に励まされて、彼女のために書いた本です。同時に、私のウェブサイトの読者にも捧げます。長年頂いてきた質問やコメントを通して、経済的自立を目指す人々が何を求め、また何を必要としているかを読者の皆さんが教えてくれました。

免責条項

本書に登場するアイデアや概念は、私自身の成功と挫折に基づくものです。今後うまくいくか、読者がそれで成功するかはわかりません。

読者の疑問に答えられていればよいですが、私は読者の細かい事情をすべて知っているわけではありません。

著者として、本書に書かれた内容が正確で完璧か、現時点で使えて有効かなどを保証することはできません。間違いや省略、古くなった情報等について責任を取ることはできません。本書を利用することで損害などが発生しても、その責任を負うことはできません。すべての情報はここに書かれたとおりの内容を示しています。

ご自身の選択に対しては、ご自身で責任をお取りください。保証されたものはどこにもないのです。

［著者］
ジェイエル・コリンズ（JL Collins）
ファイナンシャル・ブロガー（ブログ「jlcollinsnh.com」主催）。
1975年から投資を行っている個人投資家。何度も転職する中で、収入の範囲内で生活するようになり、気がつけば夫婦どちらも働かなくても暮らせるようになっていた。実践したのはシンプルな投資だけ。収入の半分を投資、借金をしない、バンガード創業者ジャック・ボーグルの教えに従ってインデックスファンドに投資する。これだけで経済的自由を手に入れた。
2011年、娘宛てに「お金と投資」についての手紙をしたためる。その内容をブログに発表すると、世界中から注目されるようになる。

［訳者］
小野一郎（おの・いちろう）
1955年生まれ。東京大学卒業。日本興業銀行等を経て現在、外資系企業勤務。訳書に『マーケットの魔術師 エッセンシャル版』『株で富を築くバフェットの法則［最新版］』『ビル・ミラーの株式投資戦略』『バフェット投資の王道』（いずれもダイヤモンド社）などがある。

父が娘に伝える
自由に生きるための30の投資の教え

2020年1月22日　第1刷発行
2022年6月3日　第12刷発行

著　者——ジェイエル・コリンズ
訳　者——小野一郎
発行所——ダイヤモンド社
〒150-8409　東京都渋谷区神宮前6-12-17
https://www.diamond.co.jp/
電話／03·5778·7233（編集）　03·5778·7240（販売）
装丁————三森健太(JUNGLE)
装画————三平悠太
DTP————荒川典久
製作進行——ダイヤモンド・グラフィック社
印刷————堀内印刷所(本文)・新藤慶昌堂(カバー)
製本————本間製本
編集担当——田口昌輝

ISBN 978-4-478-10819-2